W0096032

DER GERECHTE SULTAN

❖ IM MÄRCHENLAND MAROKKO ❖

Fotografien von Jürgen Kiefner

DER GERECHTE SULTAN

❖ IM MÄRCHENLAND MAROKKO ❖

Auswahl und Übersetzung der Märchen von
Mourad Kusserow

Herder Freiburg · Basel · Wien

Für meine marokkanische Frau Hadia
und unsere Kinder Mounir, Hanane und Mina

Mourad Kusserow

Dankeschön

Photographie ist für mich mehr als „ein Bild nehmen" (prendre
une photo). Ich suche den Einklang mit Mensch und Natur,
möchte aus dem Verständnis für die andere Kultur heraus arbeiten.
Diese Arbeitsweise ist sehr aufwendig.
Deshalb hätten die Bilder in diesem Buch nicht entstehen können
ohne die großzügige und tatkräftige Unterstützung von Seiner
Exzellenz Herrn Abdelkader Benslimane, Tourismus-Minister
des Königreiches Marokko, Herrn Generalkonsul Hassan Bennani
und Herrn Dr. Ascherl, Leiter der Marktförderung professionelle
Photographie der Kodak Aktiengesellschaft.
Ich möchte ihnen herzlich danken.
Ein besonderes Dankeschön gebührt auch unserem Fahrer
Addy Bodach, der in allen Winkeln Marokkos zu Hause ist.

Jürgen Kiefner

Alle Rechte vorbehalten – Printed in Germany
© Verlag Herder Freiburg im Breisgau 1993
Reproduktionen: Scan-Studio Hofmann GmbH, Freiburg
Herstellung: Freiburger Graphische Betriebe 1993
ISBN 3-451-23168-9

INHALT

VORWORT

Märchen sind Allgemeingut und kein Leser, schon gar nicht die Kinder, fragt nach dem Namen der Dichter; meistens sind sie überhaupt nicht bekannt. Gerade marokkanisches Kunstschaffen, das immer auch islamisches Kunstschaffen ist, unterliegt eigenen Regeln, denn in der islamischen Kunst zählt ausschließlich das Kunstwerk, der Künstler dagegen bleibt immer anonym.

In diesem Kunstverständnis wird jeder, der ein Märchen irgendwann einmal aufgeschnappt hat und weitererzählt, zu einem Märchenerzähler. Für Muslime ist dies eine Selbstverständlichkeit, denn das Prinzip der „Einheit" von Religion, Gesellschaft und Staat gilt auch für die Kunst.

1960, anläßlich eines Aufenthaltes in Rabat, begann ich, Ausschau zu halten nach Märchen und islamischen Heiligenlegenden, und seitdem sind mir viele Märchen zu Ohren gekommen. Die reichste Märchenquelle war und ist meine marokkanische Frau, die aus der Bergwelt des Hohen Atlas stammt, wo das Märchen auch heute noch eine wichtige Rolle bei der Erziehung der Kinder spielt; sie überrascht mich mit immer neuen Geschichten, die irgendwo zwischen Märchen und Legende angesiedelt sind.

Zunächst haben wir nur daran gedacht, unseren Kindern die Märchenwelt ihres Geburtslandes nahezubringen. Aber schon bald wurde klar, daß sich auch all die Kinder der marokkanischen Bürger, die in Deutschland leben, für diese Märchen, die ja auch ihr nationales Kulturerbe sind, interessieren würden. Denn deren Zugang zum Märchengut wird dadurch erschwert, daß diese Kinder die arabische Schriftsprache, die Sprache des Korans, mühsam wie eine Fremdsprache erlernen müssen. Für viele marokkanische Kinder ein zusätzliches Hindernis.

Aber nicht nur für die „deutschen Marokkaner", sondern für uns alle ist die Begegnung mit den Märchen aus Marokko eine Chance, mehr über die Kultur und das tägliche Leben in Marokko zu erfahren. Der Leser wird darüberhinaus feststellen, daß uns im Widerschein des Märchengeschehens ein Volk gegenübertritt, dessen alltägliche Freuden und Leiden auch uns vertraut sind.

Nach der Lektüre der Märchen erscheinen uns unsere marokkanischen Nachbarn in einem anderen Licht: sie kommen uns jetzt vielleicht vertrauter und weniger fremd vor, zumindest aber gilt, was Breyten Breytenbach, südafrikanischer Lyriker und Erzähler, schrieb: „Wer das Menschsein eines anderen Menschen ignoriert, verneint das eigene."

DIE ZAUBERLAMPE

Das Märchen von
der wundervollen Laterne

◆

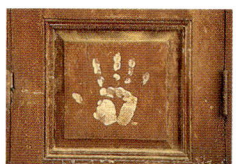 ES WAR EINMAL – VIELLEICHT ABER AUCH NICHT – ein Scherif, ein Nachkomme des Propheten Mohammed – Gott segne ihn und schenke ihm Heil. Dieser Scherif lebte in Marrakesch und hieß Moulay Ahmed. Immer zu Beginn der ersten Hälfte des islamischen Monats, der nach den Mondphasen berechnet wird und nur 29 Tage hat, verlor er seinen Verstand, und zu Beginn der zweiten Hälfte war er wieder im vollen Besitz seiner geistigen Fähigkeiten.

Moulay Ahmed war Provinzstatthalter, und die Einwohner von Marrakesch, die Marrakschi, zollten ihm dennoch große Verehrung und deuteten alle seine Handlungen, seine schriftlichen und mündlichen Äußerungen als überirdische und segenbringende Zeichen. Er war also auch ein Marabut, ein islamischer Heiliger, der den glücksbringenden Segen, Baraka genannt, besaß, den die Muslime bei den Menschen suchen, die von Gott auserwählt sind, zum Wohle aller zu wirken. Wenn Moulay Ahmed bei Verstand war, gönnte er sich in seinem Staatsamt nicht die geringste Ruhepause, er überwachte alle Staatsgeschäfte, so wie man es von einem verantwortungsvollen Regierungschef erwarten kann.

Sobald aber der neue Mond am Himmel erschien, das heißt, wenn ein neuer Monat anbrach, verfiel er in einen Zustand, den man am besten mit dem Begriff „Trance" beschreibt. Das war dann die Zeit, in der er Prophezeiungen von sich gab und mit jedem Marrakschi sprach, der seinen Weg kreuzte, ganz gleich, welcher gesellschaftlichen Schicht er angehörte. Er konnte die Zukunft voraussagen, und zum Wunder aller trafen die meisten der angekündigten Ereignisse auch tatsächlich ein.

Und von Zeit zu Zeit, wenn die Gassen vom Regen aufgeweicht waren, benutzte der Scherif Schlamm als Schreibmaterial und segnete Stadt- und Häusermauern mit „heiligen Inschriften", die niemand entziffern konnte, und die, zur Verwunderung der Bewohner, in schwindelerregender Höhe angebracht waren – für einen Sterblichen wahrlich ein Ding der Unmöglichkeit. Denn um dies zu bewerkstelligen, so sagten sich die Marrakschi, wären die Mauern von ihm in die Knie gegangen. Auf jeden Fall schätzten sich die Besitzer der so „gesegneten Mauerflächen" ob der segenbringenden Schmiereien überglücklich.

Außerdem verteilte Moulay Ahmed auch Brot, und jeder, der ein Brot von ihm erhielt, fühlte sich durch diese segensreiche Geste vom Schick-

sal begünstigt, denn nun würden Glück und Wohlstand nicht mehr lange auf sich warten lassen.

Es wird berichtet, daß Moulay Ahmed eines Nachts zu später Stunde durch die engen und aufgeweichten Gassen von Marrakesch spazierte. In der einen Hand hielt er einen langen Knotenstock und in der anderen eine kleine rußende La-

terne, die kaum einen Lichtschimmer durch die verschmierten Glasscheiben nach draußen ließ. Schmutzig und heruntergekommen, wie er während der ersten Hälfte des Monats immer war, betrat er den Innenhof eines vornehmen Hauses, wo er auf eine Gruppe von angesehenen Bürgern traf, die es sich auf einem herrlichen Teppich bequem gemacht hatten. Die Gesellschaft plauderte in gelöster Stimmung über die Ereignisse des Tages, ihre Geschäfte und die Getreidepreise. Dazu labten sie sich beim Schein ihrer Laternen, die aus kostbaren Metallblechen zusammengefügt waren, an duftendem Pfefferminztee, der aus grünem chinesischen Tee und aromatisierenden Pfefferminzblättern bereitet wird. Damals war es üblich, daß jeder über eine eigene Laterne verfügte, denn eine öffentliche Straßenbeleuchtung wurde erst in unserem Jahrhundert eingeführt.

Einer der reichsten Bürger der Stadt, ein gewisser Hadj Ali, besaß eine sehr schöne Laterne, vielleicht die schönste Laterne in Marrakesch, die aus hochwertigem Kupferblech gearbeitet und mit vielen Ornamenten geschmückt war. Ein jüdischer Lampenmacher hatte, um dieses Kunstwerk herzustellen, sein ganzes handwerkliches Talent aufwenden müssen, denn er hatte bunte Glasscheiben in das feinlinig ziselierte Silbergehäuse, das sich um ein Gerüst aus Kupfer legte, eingelassen, so daß das Licht in allen Farben des Spektrums schillerte.

Als der Scherif nun vor den Gästen stand, hoffte jeder der Anwesenden heimlich, daß der Scherif sich an ihn wenden würde, denn überall, wo er auftauchte, gab es eine günstige Schicksalswendung, ein Mißgeschick kam jedoch so gut wie nie vor.

Der Scherif betrachtete schweigend die Runde der vornehmen Bürger, sein trance-schwerer Blick ging von einem zum anderen, dann aber fiel sein Blick auf Hadj Ali, an den er rasch ein paar leise Worte richtete. Hadj Ali erhob sich daraufhin und ging auf Moulay Ahmed zu, den er schon immer verehrt hatte. Der Scherif reichte ihm den Knotenstock und seine qualmende Laterne, die

nur einen schwachen Lichtschein verbreitete. Dann nahm er Hadj Ali einfach die schöne und wertvolle Laterne aus der Hand und verschwand damit grußlos im Gewirr der Gassen von Marrakesch. Hadj Ali befahl einem seiner Bediensteten, dem Scherif unauffällig zu folgen, denn er war nicht bereit, sich von seiner kostbaren Laterne zu trennen.

Der Diener folgte in angemessener Entfernung dem Scherifen, der plötzlich vor einer armseligen Behausung stehen blieb. Er befestigte die Laterne an dem schweren eisernen Türklopfer des Hauses, was erheblichen Lärm verursachte.

Aufgeschreckt durch das ungewöhnliche nächtliche Rumoren an der Türe traten die Bewohner des Hauses ins Freie und waren überrascht, unseren Scherifen anzutreffen, der unverzüglich davoneilte, ohne ein einziges Wort gesprochen zu haben. Sie nahmen die Laterne erfreut vom Türklopfer ab und gingen, dankbar über das scherifische Geschenk, schließlich ins Haus zurück.

Inzwischen war dort auch Hadj Alis Bediensteter aufgetaucht, der die Laterne zurückforderte. Doch die neuen Besitzer weigerten sich, das teure Stück wieder herauszugeben. „Das Licht," so sagten sie, „ist zu uns gekommen, um unsere armselige Bleibe zu erhellen". Sie konnten doch das Glück, das ihnen so unverhofft vom Himmel in den Schoß gefallen war, nicht einfach wieder aus den Händen gleiten lassen.

Der Diener wurde also abgewiesen. Er mußte, ob er nun wollte oder nicht, unverrichteter Dinge zu seinem Herrn zurückkehren, der von nun an auf den Scherifen nicht gut zu sprechen war. Und

alle weiteren Versuche, sich wieder in den Besitz seiner geliebten Laterne zu bringen, schlugen fehl.

Der ganze Vorfall hatte zunächst kein weiteres Nachspiel, bis eines schönen Tages, inzwischen waren mehrere Monate ins Land gegangen und kaum jemand in Marrakesch sprach noch von der prächtigen Laterne, Hadj Ali durch die morgendlichen Gassen von Marrakesch eilte. Plötzlich rutschte er aus und brach sich ein Bein.

Der Unfall stellte sich als sehr folgenschwer heraus, denn jahrelang mußte Hadj Ali das Bett hüten. Nur langsam stellte sich eine leichte Besserung ein, so daß er es wagen konnte, für ein paar Stunden das Bett zu verlassen. Der berühmte Knotenstock, den er bei der Begebenheit damals aus der Hand des Scherifen Moulay Ahmed erhalten hatte, diente ihm als Stütze bei seinen ersten Spaziergängen.

Während seiner langen Krankheit war sein ganzer Reichtum dahingeschmolzen. Seine einst blühenden Geschäfte lagen darnieder. Dabei war er in früheren Zeiten sogar Berater des Sultans gewesen, aber jetzt wollte keiner mehr etwas von ihm wissen. Alle seine Freunde hatten sich von ihm zurückgezogen. Selbst von seinen besten Freunden, Gott allein kannte ihre Zahl, kam kein einziger auf die Idee, ihn zu besuchen. Schlimmer noch: wenn sie ihm zufällig auf der Straße begegneten, konnten sie sich kaum zu einem Gruß durchringen.

Manchmal, wenn Hadj Ali zu nächtlicher Stunde das Haus verließ, um noch einen Verwandten zu besuchen, benutzte er, welche Ironie des Schicksals, die rußige Laterne, die er vom Scherifen erhalten hatte. Wie oft dachte er dann, daß ein Fluch über der Laterne liegen müsse, hatte sein Unglück doch damals angefangen. Die Not suchte weiterhin sein Haus heim, und es änderte sich nichts an seinem Schicksal, bis Gott schließlich ein Einsehen hatte und ihn endlich zu sich berief.

Ganz anders sollte es dem neuen Besitzer der wundersamen Laterne ergehen. Von dem Tage

an, an dem der Scherif zur nächtlichen Stunde an seiner Haustür rumort hatte, brachte ihm das Schicksal Glück und Reichtum. Zuvor war er noch ein bescheidener Händler gewesen, der mit getrockneten Früchten aller Art handelte. Er hatte einen winzigen Laden in der Nähe des legendären Platzes „Djemaa el Fna", im Herzen von Marrakesch gelegen, besessen. Unter dem rei-

chen Einfluß der kostbaren Laterne wurde er ein angesehener und einflußreicher Geschäftsmann, der bald zahlreiche Lagerhallen sein eigen nennen konnte. Und es dauerte gar nicht lange, da erhielt er das Monopol für den An- und Verkauf von getrockneten Früchten für Marrakesch und Umgebung. Sein Reichtum wuchs und wuchs, so daß er sich ein weiträumiges Haus bauen lassen konnte, und wenig später kam noch ein Palast hinzu. Doch damit nicht genug; der Sultan ernannte ihn zum Zunftmeister der Kaufleute, dann zum Steuerbevollmächtigten, und kurze Zeit darauf wurde er zum Berater des Sultans am Hof bestellt. Eines Tages ließ ihn der Sultan sogar zu sich kommen, um ihm das Oberkommando über die königliche Armee zu übertragen.

Die wertvolle Laterne aber blieb im Besitz der Familie und wurde von Generation zu Generation weitervererbt, immer vom Vater auf den Sohn. Aus der Familie gingen zahlreiche Würdenträger hervor, die dem „Makhzan" – der marokkanischen Regierung – treue Dienste leisteten. Über Jahrzehnte hinweg wurden die Staatsämter innerhalb der Familie weitergegeben, so daß sich eine ganze Reihe von ihnen einen Namen als Wazir (Minister), Pascha (Gouverneur) und als Qadi (Richter) machten.

Doch das Glück blieb ihnen nur solange treu, wie sich die Laterne im Besitz der Familie befand. Aber das Wissen um die magische Kraft der Laterne geriet im Laufe der Jahre in Vergessenheit, und eines Tages verkaufte ein argloser Nachfahre unseres Händlers, der einst mit getrockneten Früchten gehandelt hatte, das kostbare Stück, das unter dem Staub der Zeit ein wenig von seinem Glanz verloren hatte, für ein paar Münzen an seinen Antiquitätenhändler.

Und dann geschah, was geschehen mußte, und was sich jeder an den fünf Fingern seiner Hand abzählen kann: Das Unheil kam über Nacht. Streitigkeiten, Eifersucht, Geiz und Neid sorgten dafür, daß die Familie, die in glücklichen Tagen immer zusammengehalten hatte, sich nun in alle Winde zerstreute. Die gesamten Besitztümer, in glanzvollen und sorglosen Jahren erworben, mußten nach und nach veräußert werden. Schließlich nistete sich die nackte Not im Palast der ruhmreichen Vorfahren ein, bis auch diese letzte Bleibe unter den Hammer kam.

Die Familienmitglieder, die Marrakesch nicht verlassen hatten, versuchten ihr Unglück vor den neugierigen Augen der Nachbarn zu verbergen, das sie, ohne zu wissen, wie nahe sie der Wahrheit waren, einem launischen Schicksal in die Schuhe schoben. Bald blieb ihnen nichts anderes übrig, als in die windschiefe Bruchbude ihres Urahns zurückzukehren. In ihrem Unglück trösteten sie sich immer wieder mit dem Gedanken: „Gott ist der Größte, und nur sein Reich hat Bestand"... ICH HABE SIE IHREM SCHICKSAL ÜBERLASSEN UND BIN ZU EUCH GEEILT, UND WENN SIE NICHT GESTORBEN SIND, DANN LEBEN SIE AUCH HEUTE NOCH. ♦

DER SCHATZ VON CHELLAH

Das Märchen von
den listigen Schatzsuchern

ES WAR EINMAL – VIELLEICHT ABER AUCH NICHT – eine alte karthagische Siedlung, die lange vor Ankunft der Römer existierte. Sie liegt vor den Toren Rabats, der Hauptstadt des heutigen Marokko. Noch immer sprechen eindrucksvolle Ruinen, vor allem die des monumentalen Eingangstores zur alten Meriniden-Nekropole, der Totenstadt der berühmten Berber-Dynastie, von ihrer glanzvollen Vergangenheit.

Und hier, so ging die Legende, sollte ein unermeßlicher Schatz vergraben sein, irgendwo tief unter der Erdoberfläche. Diese geheimnisvollen Reichtümer, so die Bewohner dieser Gegend, warteten nur darauf, gehoben zu werden. Immer wieder war versucht worden, den sagenhaften Schatz zu heben, von Schatzsuchern aus der Umgebung, aus dem Süden, dem Land der Soussi, und sogar aus fernen Ländern.

Man erzählte sich auch, daß manche Schatzgräber tatsächlich Tongefäße gefunden hätten, die bis zum Rand mit Goldmünzen gefüllt waren. Andere hatten weniger Glück, sie waren spurlos verschwunden; manch einer von ihnen hatte auf mysteriöse Art und Weise den Verstand verloren, und wieder andere hatten ihr ganzes Vermögen auf der Suche nach dem verborgenen Schatz eingebüßt.

Und so wird auch erzählt, daß schließlich zwei Gelehrte aus dem Soussi-Gebiet in einem alten Zauberbuch auf eine Passage gestoßen sind, die sich mit der Schatzsuche befaßte: „Irgendwo in einer antiken Stadt, die einem Pharao gehörte, und die im Maghreb, dem nordafrikanischen Westen, liegt, kann man einen unermeßlichen Schatz finden, der zum größten Teil aus Goldmünzen besteht, die vor sehr langer Zeit geprägt wurden, also aus einer Epoche stammten, die nur Gott kennt". Diese Hinweise stammten, so das Zauberbuch, von einem Dämon, der sie von seinem Vater hatte, und dieser wiederum von seinem Großvater, der zur Zeit der Sintflut lebte. Die Tolba, islamische Gelehrte, studierten aufmerksam den Text und schließlich stießen sie auf einen weiteren Hinweis, der präziser war: „In einer Stadt, Sala genannt, gibt es Schätze, die aus der pharaonischen Zeit stammen. Wahrscheinlich sind sie in einem Garten vergraben, der zur rechten Hand liegt und zu einem doppelten Arkadenbogen in der Nähe einer Quelle führt. Gräbt man an dieser Stelle tief genug, zunächst senkrecht, einige Ellen tief, und dann waagrecht, dann muß man auf den Schatz der Schätze stoßen. Voraussetzung aber ist, daß der Schatzsucher erstmal eine Stadt suchen muß, die sich im Orient befindet, aber in der Nähe der untergehenden Sonne. Dort muß er einen gewissen Jassin ausfindig machen, einen Handwerker, der Stickereien herstellt, denn er stellt ein wichtiges Medium dar. Sollte dieser die Absicht haben, sich an der Schatzsuche zu beteiligen, um so besser, aber für den Fall, daß er ablehnt, reicht es, sich in den Besitz eines Kleidungsstückes von Jassin zu bringen."

An dieser Stelle brach der Text ab. Unsere Tolba aus dem Souss waren nicht gerade schlauer geworden. Trotzdem machten sie sich auf den Weg,

schließlich waren sie bettelarm und hatten nichts zu verlieren; Grund genug, sich auf dieses phantastische Abenteuer einzulassen. So zogen sie von Dorf zu Dorf, erteilten Koranunterricht und landeten eines Tages in Marrakesch, wo sie sich auf dem Platz „Djemaa el Fna" als Wahrsager durchschlugen. Die nächste Station ihrer Wanderschaft war Rabat, wo sie mit der Schatzsuche begannen.

Nicht weit von hier entfernt stießen sie auf Sala, die Stadt gegenüber Rabat. Aber auch hier hatten sie kein Glück, ihre Suche blieb ergebnislos. Tausendmal und mehr gingen sie den Text des Zauberbuchs durch, zeichneten geheime Symbole in den Sand und lasen sogar im Kaffeesatz. So vergingen mehrere Monate, ohne daß sie eine brauchbare Spur gefunden hätten.

Während ihres Aufenthaltes in Rabat und Sala hatten sie einem Händler aus dem Souss auf der Tasche gelegen. Bevor sie nun weiterzogen, schlug dieser ihnen vor, den „Heiligen von Chellah" zu besuchen.

Wie groß war ihre Überraschung, als sie in der Nähe der Moschee auf alte Ruinenreste und eine Quelle stießen, dazu ein Mauerwerk mit einem doppelten Arkadenbogen, das bis zur Hälfte im Sand versunken war. Daß sie sofort an den doppelten Arkadenbogen aus dem Zauberbuch dachten, liegt auf der Hand. „Ist Chellah nicht das Sala aus unserer Geheimschrift?" fragten sie sich. In der Tat, auch die merkwürdige Übereinstimmung der Wörter „Sala" und „Chellah" machten sie sicher, den richtigen Ort entdeckt zu haben.

Sie schritten durch das Tor und standen plötzlich vor einem Rinnsal. Jetzt gab es nicht mehr den geringsten Zweifel, das mußte der Ort sein, wo der Schatz vergraben lag. Um nun die richtige Stelle zu finden, mußten sie den ersten Teil der geheimen Texte in die Tat umsetzen. Dazu war es erforderlich, das Land im Orient zu suchen, das sich in der Nähe der untergehenden Sonne befand.

Erneut machten sie sich auf den Weg. Überall, wo Koran- und Schriftkundige zu Hause waren, kehrten sie ein und stellten Nachforschungen an,

um das Geheimnis des mysteriösen Textes zu lüften. Schließlich kamen sie nach Oujda, einer großen Stadt in Ost-Marokko, von wo aus sie nach Tlemcen in Westalgerien weiterreisten. Hier widmeten sie sich dem Studium eines Buches über die Geschichte des Maghreb, in dem ein Abschnitt über die Besetzung Tlemcens durch Sultan Idris I., der 788 den marokkanischen Staat gegründet hatte, ihr besonderes Interesse fand, denn ein Zitat von Harun er-Raschid, dem legendären Herrscher aus dem mittelalterlichen Bagdad, sollte sie schließlich auf die richtige Spur bringen: „Idris hat die Stadt Tlemcen besetzt, die das Tor zum Orient bildet, und wer das Tor besetzt, kann ohne Schwierigkeiten das ganze Haus in Besitz nehmen." Einer der Soussi sprang auf

und rief: „Ich habe das Rätsel gelöst. Die Stadt, die im Orient liegt, in der Nähe der untergehenden Sonne, kann nur Tlemcen sein. Auf sie trifft die Beschreibung im Zauberbuch zu. In dieser Stadt, inschallah – so Gott will –, werden wir unseren Mann, Jassin, finden."

Zunächst nahmen sie Verbindung zu allen Landsleuten auf, die in der Stadt lebten. Immer wieder erkundigten sie sich nach Jassin, aber niemand hatte von ihm gehört. Überall, auch in der weiteren Umgebung Tlemcens, waren unsere beiden Soussi anzutreffen. Sie trugen weiße Djellabahs, knöchellange Kapuzenmäntel, und Babuschen, gelbe Lederpantoffeln, die sie als Marokkaner auswiesen. In allen Moscheen von Tlemcen sah man sie, ebenso in allen Herbergen und öffentlichen Bädern, aber nirgendwo konnten sie eine Spur von Jassin ausmachen.

Schließlich waren sie des langen Suchens müde und dachten daran, in ihre marokkanische Heimat zurückzukehren. Doch dann trafen sie einen Landsmann, der vorschlug, eine nahegelegene Zaouia, ein Kloster, zu besuchen, das einer islamischen Bruderschaft gehörte.

Das taten sie, und auch hier stellten sie ihre übliche Frage: „Wer kennt einen Mann namens Jassin?" Wie erstaunt waren sie, als sie hier eine Antwort bekamen: „Das ist ein Bruder von uns, der heute abend nicht anwesend sein kann." Nachdem die beiden Soussi herausgefunden hatten, wo der gesuchte Jassin wohnte, begaben sie sich bereits am nächsten Morgen zur angegebenen Stelle, wo sie tatsächlich einen Stickereimeister namens Jassin vor seinem Laden antrafen.

„Sei gegrüßt", sagten die Soussi, „die Gnade und Barmherzigkeit Gottes sei mit dir, oh Jassin."

Erstaunt über die Anrede fragte Jassin: „Wer seid ihr, oh Fremde, und woher kommt ihr?" „Wir sind Soussi und kommen aus dem Lande Souss." Jassin lud die beiden Marokkaner ein, Platz zu nehmen und ließ ihnen türkischen Kaffee servieren. Die Soussi bedankten sich für die Gastfreundschaft, und am dritten Tag rückten sie mit ihrem Anliegen heraus: „Wir haben die Absicht, nach Hause zurückzukehren. Wir sind Tolba, die in den Geheimwissenschaften bewandert sind. In einem unserer Zauberbücher steht etwas über einen kostbaren Schatz, der in der Nähe einer marokkanischen Stadt vergraben liegt. Den Schatz können wir aber nur mit deiner Hilfe heben. Deine persönliche Anwesenheit ist dabei erforderlich. Ist dies nicht möglich, so die Schrift, dann genügt deine geistige Präsenz."

Jassin, der weder seine Geburtsstadt noch seine Familie im Stich lassen wollte, war mit seiner geistigen Präsenz einverstanden, obwohl er nicht wußte, was er sich darunter vorstellen sollte. Die Soussi hatten nun noch eine Bitte: „Überlaß uns deinen Mantel, den du gerade trägst, er symbolisiert deine geistige Präsenz." „Wenn es nur das ist, dann könnt ihr ihn haben", sagte erleichtert Jassin. Er entledigte sich seines Mantels, und die beiden Soussi hatten es plötzlich sehr eilig. Denn kaum hatten sie das Haus des Handwerkers verlassen, da verlor Jassin den Verstand. Er begann herumzuirren, wild zu gestikulieren und Selbstgespräche zu führen. Er war fortan unfähig, seinen Beruf weiterhin auszuüben. Sein Geist war mit den beiden Soussi gegangen.

Was unsere beiden Tolba anbelangte, so erreichten sie schon nach wenigen Tagen Rabat. Sie mieteten sich hier ein und begaben sich unver-

züglich nach Chellah, wo sie sich zum Besitzer des Gartengrundstückes durchfragten, das rechter Hand in der Nähe einer Quelle lag. Schließlich standen sie vor einem halbzerfallenen Tor, das zu einem Garten führte, der von grünen Hecken eingesäumt war.

Auf ihr Klopfen hin öffnete ein alter Mann und fragte: „Was wollt ihr?"

„Nur Gutes! Wir sind Soussi und suchen nach einem vergrabenen Schatz auf deinem Grundstück. Erlaubst du uns, danach zu suchen? Wir wollen nur einen bescheidenen Teil des Erlöses als Lohn für unsere Arbeit, der Hauptanteil gehört natürlich dir." Diese Worte weckten die Neugier des Gartenbesitzers, und so forderte er die beiden Soussi auf, näher zu treten.

Bei sehr süßem Pfefferminztee wurde man sich schnell handelseinig. Man kam überein, daß die Kosten für die Hebung des Schatzes vom Gartenbesitzer zu übernehmen wären, denn er sollte hinterher ja auch den Löwenanteil des Schatzes erhalten. Die beiden Tolba ließen sich daher eine größere Summe von ihm vorstrecken. Sie kauften zunächst Zutaten für das okkulte Räucherwerk – Sandelholz, Weihrauch und duftende Kräuter –, den Rest des Geldes deponierten sie bei einem befreundeten Kaufmann.

Die meiste Zeit aber verbrachten die Tolba im Garten, wo sie versuchten, den Schatz zu orten. Sie lasen wieder und wieder in ihren Geheimschriften, verbrannten ständig wohlriechende Essenzen und Gräser, wobei sie ununterbrochen geheimnisvolle Sprüche vor sich hin murmelten. Immer wieder gingen sie den Gartenbesitzer um Geld an, das sie zum Kauf der Drogen für das beschwörende Räucherwerk benötigten. Bald aber waren die Ersparnisse des Gartenbesitzers aufgebraucht, und er wurde immer ungeduldiger.

Eines Nachts schließlich entdeckten unsere Soussi den genauen Ort, an dem der Schatz in der Tiefe der Erde ruhen mußte. Schon am nächsten Morgen überbrachten sie dem Gartenbesitzer die frohe Kunde. Zwei Erdarbeiter wurden angeheuert. Sie gruben ein großes Loch, stießen dann in

die Tiefe vor, so daß man nur noch mit Hilfe eines Seils hinabsteigen konnte. Schließlich stießen sie auf ein festes Gemäuer, das den Schlägen der Hacke standhielt.

Jetzt waren die beiden Soussi gefordert. Dank ihrer Zauberkünste gab das Mauerwerk nach. Zum Vorschein kam eine Bronzeplatte, unter der sich ein leerer Speicher befand, aus dem ein fauler Geruch aufstieg, der so giftig war, daß die Schatzsuche für kurze Zeit eingestellt werden mußte.

Nachdem der Speicher gut durchlüftet war, entdeckten die Soussi am Ende des Speichers ein Tongefäß, das mit einem Metalldeckel verschlossen war. Die beiden Erdarbeiter wurden entlassen, auch der Gartenbesitzer wurde aufgefordert, den Ort vorübergehend zu verlassen, denn nun begann die eigentliche Bergung des Schatzes.

Einer der beiden Soussi zog sich Jassins Mantel über und stieg in die gähnende Tiefe hinab. Zuvor aber hatte er sich in Trance versetzt. Unten fand er zwei riesige Neger vor, die offenbar Herkuleskräfte hatten, und das Tongefäß bewachten. Sie hielten dem Eindringling ihre gebogenen Säbel entgegen, die sie plötzlich mit wuchtigen Hieben über seinem Kopf schwangen, so daß man den Eindruck gewinnen mußte, als würde der Soussi in tausend Stücke zerschmettert. Doch der Schatzsucher murmelte ungerührt ge-

heimnisvolle Verse und scherte sich einen Teufel um die beiden furchtverbreitenden Wächter, die schließlich ihre Säbel fallen ließen und sich in Luft auflösten.

Der Soussi öffnete das Tongefäß. Es war bis oben hin mit funkelnden Goldmünzen unbekannter Prägung gefüllt. Die Münzen trugen, wie im Zauberbuch vermerkt, seltsame Schriftzei-

chen. Der Soussi verschloß das Tongefäß wieder und ließ sich nach oben ziehen.

Die beiden Tolba kehrten in die Stadt zurück, wo sie den Gartenbesitzer beauftragten, eine große Kiste für den entdeckten Schatz anfertigen zu lassen. Er lieferte die Kiste auch sogleich, mußte sich aber sofort wieder entfernen, weil die Soussi, wie sie erklärten, allein sein mußten mit den

Dschinn, den Geistern und Dämonen, die den Schatz nach wie vor bewachen würden. Die Anwesenheit von Fremden könnte für alle fatale Folgen haben, sagten die beiden Soussi und taten sehr wichtig. Die Dschinn könnten nicht nur mit dem Schatz verschwinden, sondern auch alle, die um den Schatz wüßten, zu Tode bringen. Der Gartenbesitzer zögerte deshalb nicht einen Augenblick und begab sich zurück in die Stadt. Heimlich rieb er sich vor Freude die Hände über den zu erwartenden Reichtum. In Gedanken erwarb er bereits weitere Grundstücke, die ihm ein Leben ohne Arbeit ermöglichen würden.

Als der Abend kam, stiegen die beiden Tolba hinunter zum Schatz. Zuvor hatten sie, um alle Gefahren zu bannen, reichlich Weihrauch verbrannt und pausenlos Gebete verrichtet. Unter den zornigen Blicken der inzwischen zurückgekehrten Schwarzen, die im Schein der Fackeln, die die Soussi entzündet hatten, riesige Schatten warfen, näherten sich die Schatzsucher dem Tongefäß. Ein letztes Mal versuchten die Schatzwächter, deren blutunterlaufene Augen wild funkelten, mit gewaltigen Säbelhieben die Eindringlinge zu vertreiben. Aber ihre Hiebe blieben wirkungslos, denn die beiden Tolba beherrschten die Zauberkünste meisterlich.

In aller Eile verstauten sie die Goldmünzen in zwei große Taschen, die sie heimlich nach unten geschmuggelt hatten. Die Kiste des Gärtners aber füllten sie mit Kieselsteinen. Dann verschwanden sie mit ihrem Schatz in Richtung Souss.

Wie sich denken läßt, war das Entsetzen des Gartenbesitzers groß, als er entdecken mußte, daß er betrogen worden war. Ihm blieb nichts anderes übrig, als das Loch in seinem Garten zu schließen, aus dem die Soussi den legendären Chellah-Schatz gehoben hatten. Glücklicherweise aber haderte der Gartenbesitzer nicht allzu lange mit seinem Schicksal. Er setzte alles daran, durch ehrliche Arbeit zu Wohlstand zu kommen.

ICH HABE SIE IHREM SCHICKSAL ÜBERLASSEN UND BIN ZU EUCH GEEILT, UND WENN SIE NICHT GESTORBEN SIND, DANN LEBEN SIE AUCH HEUTE NOCH. ◆

Der gerechte Sultan

Das Märchen vom Sultan,
der zwei Fellhändler versöhnte

Es war einmal – vielleicht aber auch nicht – ein reicher Marokkaner, der lebte in Fes und hatte ein gutgehendes Geschäft, denn er handelte mit gegerbten Tierfellen. Die Häute von Schafen, Ziegen, Rindern und Dromedaren, wie das einhöckrige Kamel richtig heißt, fanden reißenden Absatz bei einheimischen und ausländischen Kunden, die regelmäßig größere Posten bestellten, so daß unser Fellhändler gezwungen war, überall Tierhäute zu erwerben, wo er ihrer nur habhaft werden konnte. So war es nicht verwunderlich, daß er im Laufe der Jahre zu großem Reichtum und Ansehen gekommen war. Diesen geschäftlichen Erfolg hatte er hauptsächlich seinem jüdischen An- und Verkäufer zu verdanken, der mit allen Wassern gewaschen war und sich nicht scheute, auch auf den entferntesten Märkten Rohhäute für seinen Herrn zu erwerben.

In der Nachbarschaft unseres erfolgreichen Fellhändlers lebte ein anderer Fellhändler, ein marokkanischer Jude namens Moses, der aber weniger erfolgreich war als sein muslimischer Konkurrent. Während der Muslim seinen Reichtum von Jahr zu Jahr vermehren konnte, lebte unser Händler mosaischen Glaubens von der Hand in den Mund, obwohl er sich von früh bis spät abrackerte. Er konnte sich nicht erklären, wie sein muslimischer Nachbar bei den hohen Einkaufspreisen und bei den gleichzeitig niedrigen Verkaufspreisen trotzdem riesige Gewinne machte. Die Gattin des jüdischen Händlers hätte gerne alle jüdischen Feste so ausgerichtet, wie es die jüdische Tradition verlangte, allein, es fehlte am Geld. So suchte sie in ihrer Not einen Rabbiner auf, dem sie ihr Leid klagte.

Sie erzählte dem jüdischen Würdenträger von der ruinösen Konkurrenz des Muslims, unter der ihr Mann zu leiden hätte. Sie bekniete den Rabbiner, alle seine Kräfte und Fähigkeiten einzusetzen, um das Geschäft ihres Mannes wieder anzukurbeln, denn der Rabbiner galt überall als Schreiber wirkungsvoller Talismane. Die Bewohner der gesamten Mellah, des Judenviertels, suchten den Rabbiner immer wieder auf, denn er erzielte immer die gewünschte Wirkung mit seiner okkulten Kunst. Selbst viele Muslime zählten zu seiner treuesten Kundschaft.

Frau Moses versprach eine großzügige Belohnung für den Fall, daß sich das Blatt zugunsten ihres Mann wenden würde.

So bot der Rabbiner seine Fähigkeiten auf und beschwor die Geister, alle möglichen Geister.

Aber der Erfolg wollte und wollte sich nicht einstellen. Jeden Samstag, am Ende des Sabbat und bevor die traditionelle Fleischsuppe eingenommen wurde, nahm Moses, der jüdische Fellhändler, ein Stück Wolle und tunkte die herabhängenden Fäden in Salz, um es über die Häupter seiner Familienmitglieder zu verstreuen, wobei er Gott um Hilfe anflehte.

Der Rabbiner, auch nicht untätig, zeichnete immer wieder geheime jüdische Symbole in den Sand, bevor er den göttlichen Segen über die Geschäfte seines Gemeindemitgliedes erbat, dem es bis jetzt nicht gelungen war, auch nur einen roten

Heller zusätzlich einzunehmen. Der Rabbiner, der sein ganzes persönliches Ansehen mit dem Schicksal von Moses verbunden hatte, wünschte, daß dessen Geschäfte bald florieren würden.

Eines schönen Tages aber, nachdem er eine schlaflose Nacht voller Grübelns verbracht hatte, sagte er zu Moses: „Du kommst nicht umhin, ein Mittel zu finden, das den Geschäften deines Kon-kurrenten schadet. Ich bin gerne bereit, dir zu helfen. Du mußt mir nur einen Hinweis geben, wie ich es anstellen soll." „Die Sache ist ganz einfach", sagte Moses, der sich sehr über das Angebot des Rabbis freute, „man muß seinen Agenten, der auch Jude ist, auf unsere Seite ziehen, denn er ist es, der das Geschäft des Muslims in Gang hält." Der Rabbiner ließ unverzüglich den jüdischen Agenten kommen: „Es ist notwendig, daß dein Chef keine Gewinne mehr erzielt. Es liegt an dir, Mittel und Wege zu finden, daß er bankrott macht. Die jüdische Gemeinde erwartet von dir diesen Dienst."

Der Agent fühlte sich absolut nicht wohl in seiner Haut. Lange zögerte er zwischen den Pflichten gegenüber seinem Herrn und der Verpflichtung gegenüber der jüdischen Gemeinde. Schließlich trug das Interesse der Glaubensgemeinschaft den Sieg davon.

Es dauerte ziemlich lange, bis er sich einen Plan ausgedacht hatte, um das Geschäft seines bisherigen Herrn zu ruinieren. Eine passende Gelegenheit sollte sich dann schon bald ergeben.

Der reiche Fellhändler beauftragte ihn, den größten Teil der gehorteten Tierfelle im benachbarten Ausland zu verkaufen. Gleichzeitig sollte er sich dort nach neuen Aufträgen umsehen. Der Agent verkaufte die gesamte Ware und kehrte mit einem großen Auftrag zurück. Ein wichtiger Kunde benötige, so verkündete er, einen großen Posten an gegerbten Hundefellen, eine Ware, die dort sehr begehrt sei.

Der muslimische Händler war natürlich mehr als überrascht von diesem sonderbaren Auftrag, aber mit Blick auf die jahrelange Loyalität seines Agenten hegte er nicht den geringsten Zweifel an

dessen Worten. So vertraute er ihm sein ganzes Geld an, um die benötigten Hundefelle zu erwerben. Der Agent reiste also persönlich von Ortschaft zu Ortschaft, und bald gab es in der gesamten Region und der weiteren Umgebung kaum noch einen Hund. Er bezahlte einen guten Preis für jedes Fell, das ihm unter die Augen kam. Nach einigen Wochen waren die Lagerhallen gefüllt.

Die Felle waren getrocknet, gegerbt und gesalzen, so daß keine Gefahr mehr bestand, auch nur ein Fell durch Fäulnis zu verlieren. Als der Agent der Meinung war, der Augenblick wäre gekommen, um seinen Herren in den geschäftlichen Ruin zu stoßen, kehrte er nach Fes zurück, wo er unverzüglich mit der Nachricht von der Stornierung des Auftrags bei seinem Arbeitgeber aufwartete:

„O Unglück für mich, Sidi! Dein Kunde, der mir den Auftrag über die Lieferung der Hundefelle erteilt hatte, ist plötzlich vom Geschäft zurückgetreten. Da ich es versäumt habe, mit ihm einen schriftlichen Vertrag zu schließen, bin ich machtlos gewesen."

Dem Muslim blieb nichts weiter übrig, als über sein Unglück zu jammern, denn er hatte seine ganzen Ersparnisse in dieses verlockende Geschäft gesteckt. Jetzt, nachdem der Handel geplatzt war, hatte er zwar volle Lagerhallen, aber mit wertlosen Fellen gefüllt, die ihm nichts nutzten. Sollte er den jüdischen Agenten zur Rechenschaft ziehen? Nein, diesen Gedanken verwarf er rasch, denn dieser besaß nichts, „außer seinen Zähnen im Munde."

Indessen aber hatten sich die Geschäfte des jüdischen Fellhändlers gut erholt. Er hatte Kunden und Aufträge vom muslimischen Händler übernommen, so daß er jetzt über volle Lagerhallen ver-

fügte und über den Absatz seiner Ware nicht klagen konnte. Während der Muslim den ganzen Tag über Zeit hatte, über sein Mißgeschick nachzudenken, das ihn und seine Familie getroffen hatte, konnte sich der jüdische Nachbar vor Arbeit kaum noch retten. Und was die Gewinne anbelangte, so zählte Moses bald zu den wohlhabensten Bürgern von Fes.

Es dauerte gar nicht lange, da hielt die Not Einzug bei unserem muslimischen Fellhändler, der schließlich keinen anderen Ausweg mehr wußte, als zum Sultan zu gehen, um sich bei ihm über sein Schicksal zu beklagen. Er beschuldigte den jüdischen Nachbarn, schuld an seinem Bankrott gewesen zu sein. Der Sultan hörte sich in aller Ruhe den Bericht des Fellhändlers an. „Gut", sagte er dann zu ihm, „behalte deine Hundefelle, wirf sie auf keinen Fall weg. Ich werde dich wissen lassen, wann und wie wir die Angelegenheit aus der Welt schaffen können."

Damit war die Audienz für unseren Fellhändler beendet.

Der Sultan aber ließ alle jüdischen Notabeln zusammenrufen. Er eröffnete den erstaunten Untertanen folgendes: „Unsere Scherifische Majestät, Gott möge ihr ein langes Leben geben, hat beschlossen, daß alle unsere jüdischen Untertanen ein Käppchen aus Hundefell zu tragen haben. Die Maßnahme ist notwendig, denn unsere Ulemas" – das sind die islamischen Schriftgelehrten – „haben dies herausgefunden."

Und der Sultan sprach, bevor er die jüdischen Notablen entließ, seinen Segensspruch über seine jüdischen Untertanen aus, die erleichtert waren, denn sie hatten weitaus Schlimmeres erwartet. Fröhlich verließen sie den Palast des Sultans.

Es gab nur ein Problem: Woher sollten sie die Hundefelle in so großer Menge nehmen? Die jüdische Gemeinde beriet sich, um eine Lösung für dieses Problem zu finden. Plötzlich ging dem Großrabbiner ein Licht auf, denn er erinnerte sich an den muslimischen Fellhändler, der wegen der Hundefelle ruiniert worden war. So bildeten die jüdischen Notablen eine Delegation, die sich ohne Verzögerung zum muslimischen Fellhändler begab. Der Muslim erbat sich eine kleine Bedenkzeit und eilte zum Sultan, der den Preis festsetzte, für den die Hundefelle verkauft werden durften.

In nur wenigen Tagen waren alle Hundefelle verkauft, und das Geschäft unseres Muslims gedieh zu dessen voller Zufriedenheit. Aber auch der jüdische Fellhändler hatte keinen Anlaß, sich zu beklagen, denn es gab Aufträge genug für beide Händler. ICH HABE SIE IHREM SCHICKSAL ÜBERLASSEN UND BIN ZU EUCH GEEILT, UND WENN SIE NICHT GESTORBEN SIND, DANN LEBEN SIE AUCH HEUTE NOCH. ◆

DER ARGLISTIGE ZAUBERER

Das Märchen vom Beduinen Ali,
der den Zauberer besiegte

♦

Es war einmal – vielleicht aber auch nicht – ein böser Zauberer, der sich Moha Oul Hadj nannte. Er lebte nicht weit von Marrakesch entfernt, der „roten Stadt", von der ein Dichter einmal sagte, sie „sei eine über den Atlas geworfene Perle". Er hatte, zum Leidwesen von Mensch und Geistern, einen heimtückischen und tyrannischen Charakter. In den okkulten Wissenschaften war er äußerst beschlagen. Moha Oul Hadjs Nachbarn fürchteten sich vor ihm und versuchten, ihn so viel wie möglich zu meiden.

Über viele Jahre hinweg drangsalierte er aber nicht nur sie, sondern auch die ihm untergebenen Dschinn, die Geister, mit einer unvorstellbaren Grausamkeit. Er behandelte sie so schlimm, daß er schließlich ständig vor den Dschinn auf der Hut sein mußte, um nicht Opfer ihrer Rache zu werden. Endlich aber, als er den Geistern wieder einmal übel mitgespielt hatte, bösartiger und gewalttätiger als üblich, zettelten sie dann doch einen Aufstand gegen ihren Peiniger an. Dem Zauberer gelang es aber, ihren Widerstand mit Hilfe seiner Zauberkräfte zu brechen. Erleichtert ließ er viele von ihnen in Eisen legen. Er hoffte, nun vor ihnen sicher zu sein.

Eines Tages beauftragte Moha Oul Hadj zwei Dämonen, tausend Goldmünzen herbeizuschaffen. Die beiden durchstreiften die ganze Gegend von Marrakesch, aber ein solcher Goldschatz war beim besten Willen nicht aufzutreiben. So mußten sie unverrichteter Ding zurückkehren. Der Zauberer geriet darüber in schäumende Wut und ließ die beiden Geister auspeitschen.

Jetzt war das Maß voll. Die Dschinn, die sich durch die Gefangennahme vieler ihrer Artgenossen ohnehin sehr gedemütigt fühlten, beschlossen, den unbarmherzigen Tyrannen in eine tödliche Falle zu locken. Und sie wußten auch schon wie:

Sie ließen Moha Oul Hadj zutragen, daß sie in einem Brunnen in der Wüste einen Schatz entdeckt hätten, den sie allein aber nicht heben könnten. Daraufhin ließ der Zauberer ihnen mitteilen, daß er von ihrem Fund schon gehört habe. Da der Schatz ihm gehöre, da er ihr Herr sei, werde er mit ihnen gehen, um ihn zu heben. In Begleitung des Zauberers machten die Dschinn sich also auf den Weg zum Brunnen, wo sie sich alle drei an einem Seil in die Tiefe ließen. Auf dem Grunde des Brunnens stand ein Tongefäß. Gemeinsam versuchten sie, das schwere Gefäß zu heben oder es zumindest zu bewegen. Da es aber

fest im schlammigen Boden verankert war, vermochten sie es nicht zu bewegen. Es muß allerdings gesagt werden, daß die beiden Dämonen keinen großen Eifer an den Tag legten, um das Tongefäß zu bergen. Der Zauberer aber versuchte immer wieder es zu heben, bis er schließlich so außer Atem geriet, daß er eine Pause einlegen mußte. Er war so erschöpft, daß er es nicht mehr

schaffte, sich am Seil hochzuziehen. Auch die Dschinn taten so, als ob sie am Ende ihrer Kräfte wären.

Plötzlich ging dem Zauberer ein Licht auf. Er war allein mit den Dschinn, die offensichtlich seine Vernichtung planten. Er riß sich noch einmal sehr zusammen, um dies Schicksal abzuwehren. Einen ganzen Tag und eine ganze Nacht lang

kämpften er und die beiden Dschinn miteinander, doch dem Zauberer gelang es nicht, die Dämonen zu packen und zu erstechen.

Am zweiten Tag kam ein Beduine, der auf den Namen Ali hörte, am Brunnen vorüber. Er war glücklich, endlich eine Tränke für sich und sein müdes Reittier gefunden zu haben. Kaum hatte er das Seil mit dem Schöpfeimer in den Brunnen hinabgeworfen, als er Hilferufe hörte, die aus der Tiefe des Brunnens kamen: „Zieh mich herauf, oh Mensch! Bei Gott, steh einer armen Seele bei."

Erschrocken fuhr der Beduine zusammen, dann aber ließ er das Seil hinab und bot alle seine Kräfte auf, es wieder nach oben zu ziehen. Groß war sein Erstaunen, als er einen alten, zusammengeschrumpften Mann erblickte, der sich an den ledernen Schöpfeimer klammerte und gar nicht aufhören wollte, sich für seine Rettung zu bedanken Er mußte ein Dschinn sein, das erkannte Ali.

Als Zeichen seiner Dankbarkeit rupfte der Alte sich ein paar Büschel weißer Barthaare aus und reichte sie unserem erstaunten Beduinen: „Du hast mir einen großen Dienst erwiesen, und um dir zu zeigen, daß ich nicht undankbar bin, nimm diese Barthaare. Bewahre sie gut auf, denn solltest du jemals in Not geraten, dann wirf ein paar davon ins Feuer, und umgehend wird dir geholfen werden. Doch einen Rat muß ich dir noch geben: Nimm dich in acht vor dem bösen Mann im Brunnen. Wenn du ihn rettest, wird es dich teuer zu stehen bekommen, denn sobald er frei ist, wird er dich seine Bösartigkeit spüren lassen, mehr noch, er wird versuchen, dich zu vernichten!" Kaum hatte der Alte dies gesagt, da war er auch schon vom Erdboden verschwunden.

Ali brauchte ein paar Minuten, um sich zu fangen. Da vernahm er wieder eine Stimme aus der Tiefe des Brunnens: „Bei Gott! Ich flehe dich an, befreie mich, komm einer armen Seele zu Hilfe, die sonst sterben muß!" Ali glaubte, seinen Ohren nicht zu trauen, denn was er da hörte, war eine Stimme, die jeden Menschen erbarmen mußte, es sei denn, er hätte ein Herz aus Stein gehabt. Aber Ali dachte voll Furcht an die Warnung des Dschinn. Da er sich keinen Ärger einhandeln wollte und zum Sterben auch noch keine Lust hatte, war er drauf und dran, diesem unheimlichen Ort den Rücken zu kehren, als die Stimme von neuem anhub, diesmal noch herzzerreißender als beim erstenmal: „Ich beschwöre dich, laß

mich nicht im Stich!" Alis Herz schmolz vor Mitleid und er beschloß, den Unbekannten zu befreien.

Als er begann, das Seil hochzuziehen, spürte er ein so starkes Gewicht, daß er sich kräftig ins Zeug legen mußte. Aber er strengte sich an, und es gelang ihm, das Seil wieder hochzuziehen. Zu seinem Entsetzen hatte sich um das Seilende eine große Schlange gewunden, die ihn beschwor: „Fürchte dich nicht, oh Ali! Ich werde dir nichts tun!" Ein letzter Ruck, und die Schlange lag auf dem Brunnenrand. Sie glitt zu Boden und sagte: „Nimm meine abgestreifte Haut. Jedesmal, wenn

du Hilfe brauchst, verbrenne ein Stückchen davon, und dir wird geholfen werden!"

Dann wälzte sich die Schlange im Sand und häutete sich und sagte, bevor sie endgültig verschwand: „Laß dich nicht von dem Mann im Brunnen erweichen, denn er bedeutet dein Verderben."

Auch diesmal dauerte es eine Weile, bis unser

Beduine seine Verwunderung überwunden hatte. Aus dem Brunnen aber ertönte abermals eine Stimme: „Ich bitte dich, wirf mir ein Seil herab und zieh mich hier heraus. Ich bin ein Mensch wie du, habe Mitleid und überlaß mich nicht meinem trostlosen Schicksal, denn ich habe schon zwei Tage im Brunnen verbracht! Die Kälte hier unten setzt mir kräftig zu, so daß ich bald sterbe, wenn ich hier bleiben muß. Mein Name ist Moha Oul Hadj, ich bin der Taleb aus dem Dorf El Bour, das du sicherlich kennst." Nach einer Pause fuhr die Stimme fort: „Wenn du mich hier herausholst, dann gebe ich dir alles, was ich besitze,

mein Haus, meine Grundstücke mit den Rinder- und Schafherden, sicherlich hast du von meinem Reichtum gehört."

Trotz der Warnungen der beiden Dämonen siegte das Mitleid, und Ali zog den Mann aus dem Brunnen. In der Tat, es war Moha Oul Hadj, der Zauberer. Er schüttelte seine Kleider aus, streckte seine Glieder und schickte sich an zu gehen. Un-

ser Beduine wagte es, ihn an seine Versprechungen zu erinnern. Der Zauberer aber antwortete unwillig: „Komm morgen bei mir vorbei. Ich werde dir dann alles geben, was ich dir versprochen habe." Ohne ein Wort des Dankes drehte er sich um und machte sich quer durch die Wüste auf den Heimweg.

Am nächsten Tag begab sich Ali zum Zauberer. Spätestens jetzt bekam Ali zu spüren, mit wem er in Wirklichkeit zu tun hatte. Moha Oul Hadj beschimpfte ihn nicht nur, sondern jagte ihn aus dem Haus und drohte ihm sogar mit dem Tode, wenn er es wagen sollte, noch einmal an seine Tür zu klopfen. Ali dachte sich seinen Teil und ging nachdenklich nach Hause. Er war jedoch weit davon entfernt, sich über seine Naivität zu ärgern, vielmehr sagte er sich: „Wenigstens habe ich drei Seelen gerettet."

Doch damit hatte sich nichts an seiner Lage geändert, die alles andere als rosig war. Zusammen mit seiner Frau fristete er ein kümmerliches Dasein. Sie waren so arm, daß sie in ihrer heruntergekommenen Hütte auf dem nackten Boden schlafen mußten. Die Sorgen wuchsen ins Unermeßliche, als ihnen ein Sohn geboren wurde. Wie sollten sie ihn nähren und kleiden? Ali weinte bittere Tränen über sein Schicksal, denn er fürchtete um das Leben seiner Frau und des Kindes.

Doch dann erinnerte er sich an die beiden Dschinn, die versprochen hatten zu helfen, wenn die Not am Größten war. Um ehrlich zu sein, Ali hatte nie viel Federlesens um die Angebote der Dämonen gemacht. Trotzdem hatte er die weißen Barthaare und die Schlangenhaut aufbewahrt. Ohne sich irgendwelchen Illussionen hinzugeben, verbrannte er ein paar Barthaare.

Der stechende Geruch der verkohlten Barthaare hing noch in der Luft, als der alte Mann erschien, den er aus dem Brunnen gezogen hatte. „Hier bin ich, was wünschst du? Ich stehe dir zu Diensten."

Wie vom Donner gerührt blickte Ali auf die Erscheinung. Er wußte zunächst nicht, was er sagen sollte. Der Geist beruhigte ihn, und Ali sagte schließlich: „Ich bin in großer Not, meine Frau hat einem Jungen das Leben geschenkt, aber ich habe kein Geld, um Nahrung und Kleidung zu kaufen." Der Alte verschwand wortlos und erschien wenig später mit einem Stoffballen, Decken und Geld. Er legte alles zu Alis Füssen nieder und war im Handumdrehen ein zweitesmal verschwunden. Diesmal brachte er einen fetten Hammel mit. Ali blieb über soviel Glück sprachlos. Kaum vermochte er dem Dschinn zu danken. Dann schlachtete er den Hammel und bewirtete seine völlig entkräftigte Frau und ließ Kleider für die ganze Familie nähen.

Das Geld ging aber bald zu Ende, und Ali dachte erneut an seine Freunde aus dem Brunnen. Zurecht sagte er sich, daß es sich immer lohnt, anderen in der Not beizustehen. Auch diesmal ließ der alte Mann nicht lange auf sich warten. Ali stammelte zunächst eine Entschuldigung, und dann sagte er: „Ich bitte dich noch einmal um deine Großzügigkeit, denn meine Lage hat sich verschlechtert."

Wortlos verschwand der Alte, und wenig später strömten unzählige Mäuse in die armselige Hütte. Jedes dieser flinken Tierchen trug eine Goldmünze zwischen den Zähnen. Und wie sich denken läßt, konnte unser Beduine in wenigen Minuten einen unermeßlichen Goldschatz sein

eigen nennen. Außer sich vor Freude begann er sofort, die Goldmünzen einzusammeln und an einem sicheren Ort in der Hütte zu verstecken.

Wohlstand und Glück zogen in Alis Heim ein, der seiner Familie ein sorgenfreies Leben bot. Schon bald war er Besitzer eines ansehnlichen Hauses. Es dauerte gar nicht lange, da hatten sie die Jahre der Not und des Hungers vergessen.

Aber, wem sagen wir's, das perfekte Glück ist nicht von dieser Welt!

Der böse Zauberer Moha Oul Hadj hatte seit seiner Rückkehr aus der Tiefe des Brunnens seine Macht über das Reich der Dämonen, der

Dschinn, eingebüßt. Er mußte mitansehen, wie sein Nachbar, unser Beduine, glücklich und zufrieden lebte. Er vermutete, wie wir wissen, nicht ganz zu Unrecht, daß hinter dieser glücklichen Wendung zum Guten die beiden Geister stehen müßten, die Ali ebenfalls aus dem Brunnen befreit hatte. Voller Neid trachtete Moha Oul Hadj danach, Ali und die Seinen zu vernichten.

Natürlich hatte der Zauberer nicht vergessen, daß der Beduine zuvor in recht bescheidenen, ja jämmerlichen Verhältnissen sein Dasein gefristet hatte. Schon seit längerem trug er sich deshalb mit dem Gedanken, ihn beim Sultan anzuzeigen.

Eines Tages, als Diebe die Schatzkammer des Sultans ausgeraubt hatten, sah er seine Stunde gekommen. Jetzt konnte er endlich Rache nehmen an Ali und den Dschinn, die offenbar mit ihm unter einer Decke steckten.

Er ging zum Sultan, wo er unseren Beduinen als Räuber der Schätze anzeigte. Bei dieser Gelegenheit wies er darauf hin, daß Ali schon seit einiger Zeit über seine Verhältnisse lebte, obwohl er doch als armer Schlucker überall bekannt gewesen war. Bei der Hausdurchsuchung durch die Garden des Sultans wurden die versteckten Goldmünzen entdeckt. Ali wurde gefesselt und vor den Sultan geschleppt. Er wurde ausgepeitscht und landete zunächst im Gefängnis. Aber es sollte noch schlimmer kommen: Ali wurde zum Tode verurteilt. Niemand, schon gar nicht der Sultan, nahm ihm sein wundersames Abenteuer ab.

Ali saß nun, der Verzweiflung nahe, im tiefsten Kerker und machte sich Sorgen um seine Familie. Immer wieder fragte er sich, warum gerade ihn dieses harte Los getroffen hatte, obwohl er doch nichts weiter getan hatte, als drei Seelen zu retten. Er war zu jedermann jederzeit nett und hilfsbereit gewesen, manchmal vielleicht zu freundlich. Im Grunde seines Herzens war ihm klar, daß der wahre Gläubige oft harten Prüfungen unterworfen wird.

Während er in seinem Gefängnis über Gott und die Ungerechtigkeit der Welt grübelte, wurde der Sultan von einem furchtbaren Unglück heimgesucht. Um den Hals seiner Tochter, die er abgöttisch liebte, hatte sich eine große Schlange gewickelt, die jedem, der es wagte, sich zu nähern, drohte, daß sie die Sultanstochter töten werde. Alle Schlangenbeschwörer, Zauberer, Wunderheiler, Ärzte und Marabuts aus dem ganzen Sultansreich wurden an den Hof zitiert, aber keiner sah sich imstande, die Sultanstochter von dieser Gefahr zu befreien.

Selbst Moha Oul Hadj, der sein ganzes okkultes Wissen in die Waagschale geworfen hatte, mußte unverrrichteter Dinge abziehen, nicht ohne vorher noch von der Schlange gebissen worden zu sein. Er sollte sich, wie wir später sehen werden, niemals wieder von diesem Biß erholen.

In seiner Verzweiflung versprach der Sultan jedem eine hohe Belohnung, der die Schlange unschädlich machen könne, denn inzwischen meldete sich keine Menschenseele mehr, die dem Sultan helfen konnte.

Ali in seinem Kerker aber gab nicht auf. Er betete und flehte zu Gott, ihn zu retten, oder wenigstens dafür zu sorgen, daß seine Frau und das Kind keine Not litten. Immer öfter dachte er an die Dschinn, denen er das Leben gerettet hatte und auch an die Ratschläge, die sie ihm gegeben hatten. Jetzt begriff er, was sie meinten, als sie ihn vor dem Mann im Brunnen gewarnt hatten, aber er hatte ja nur auf sein Gewissen gehört. Aus lauter Mitleid hatte er ein Menschenleben gerettet, und dieser Mensch war es nun, der seinen Untergang verursachte.

Trotzdem haderte Ali nicht weiter mit dem Schicksal. Er wartete auf den Scharfrichter, der ihm den Kopf abschlagen würde für ein Verbrechen, das er nicht begangen hatte. Er hatte be-

reits mit seinem Leben abgeschlossen und inner-
lich war er bereit zum letzten Gang, als ihm plötzlich die Schlangenhaut einfiel, die ihm der zweite
Geist als Lohn gegeben hatte. Er trug immer ein
Stückchen der Schlangenhaut bei sich, aber hier
im Kerker hatte er kein Feuer.

Er überlegte hin und her. Schließlich verfiel er
auf die Idee, das Stück Schlangenhaut zu verzeh-
ren. Aus der Tiefe der Nacht kam eine Stimme:
„Ali, fürchte dich nicht, deine Rettung ist nahe.
Die Schlange, die du gerettet hast, hat sich um
den Hals der Sultanstochter gelegt. Sag' dem Ker-
kermeister, daß nur du sie von der Schlange befreien kannst."

Am Morgen, als die Sonne gerade über den
Horizont rollte, verlas der Gefängsnisvorsteher

den Aufruf des Sultans, daß jeder, der seine Tochter von der Schlange befreien könne, eine hohe Belohnung erhalten würde. Unser Beduine meldete sich als einziger.

Er wurde in den Saal geführt, wo die Tochter des Sultans mit der Schlange um den Hals um ihr Leben rang. Ali erkannte die Schlange wieder. Es war das große Reptil, das er aus dem Brunnen heraufgezogen hatte. Da er wußte, daß die Schlange die Sprache der Menschen verstand, sagte er: „Laß das Mädchen frei, tu es im Namen unserer Freundschaft." Eine Stimme antwortete: „Oh Ali, was würde ich nicht alles für dich tun!" Im selben Augenblick ließ die Schlange die Sultanstochter frei und verschwand. Niemand konnte sagen, wohin sie verschwunden war. Der Sultan aber umarmte seine Tochter, die ihm ein zweitesmal geschenkt worden war. Er fand keine Worte, um unserem Beduinen zu danken. Die Freudentränen der Sultansfrau, die auf Ali fielen, waren der schönste Lohn, den er sich denken konnte. Ihm zu Ehren wurde ein großes Fest veranstaltet, und Ali fühlte sich überglücklich, denn abermals hatte er eine Menschenseele gerettet.

Der Sultan schenkte jetzt endlich unserem Helden Vertrauen. Er ließ sich noch einmal die abenteuerlichen Erlebnisse schildern, die Ali zugestoßen waren, und er begann zu begreifen, wer hinter all den Leiden stand – der Zauberer Moha Oul Hadj.

Ali trat an diesem Tage in den Dienst des Sultans. Ihm wurde die Erziehung des Kronprinzen übertragen, was ihm die Ernennung zum Großkämmerer einbringen sollte.

Was aber den bösen Moha Oul Hadj anbetraf, so verschlimmerte sich seine Schlangenbißwunde von Tag zu Tag. Er mußte nicht nur das Bett hüten, sondern litt auch an einer entsetzlichen Schlaflosigkeit. Ihm konnte kein Arzt helfen. Allmählich schmolz sein ganzer Reichtum dahin, denn die Dschinn, die er sein ganzes Leben lang rücksichtslos gequält hatte, sorgten dafür, daß sich sein Zustand verschlechterte.

Der sehnsüchtig herbeigesehnte Tod hatte eines Tage schließlich ein Einsehen und klopfte an seine Tür. Die Nachbarn beglückwünschten sich zum Ableben dieser traurigen Gestalt, die in ihrem ganzen Leben nicht eine einzige gute Tat vollbracht hatte. ICH HABE SIE IHREM SCHICKSAL ÜBERLASSEN UND BIN ZU EUCH GEEILT, UND WENN SIE NICHT GESTORBEN SIND, DANN LEBEN SIE AUCH HEUTE NOCH. ♦

KÖNIGLICHER LOHN

Das Märchen von
der klugen Fischersfrau

◆

Es war einmal – vielleicht aber auch nicht – ein Fischer, der lebte in Rabat und war sehr arm, daß es ihm trotz aller Anstrengungen nicht gelingen wollte, seine kinderreiche Familie satt zu bekommen. Am meisten bedrückte ihn, daß seine sieben Kinder noch sehr klein waren. Das älteste Kind, ein Junge, zählte noch nicht einmal acht Jahre. Seine Frau, eine fleißige und geduldige Person, rackerte sich Tag und Nacht ab, um seine Sorgen ein wenig zu mindern. Und es kam öfter vor, daß er nicht einen einzigen Fisch nach Hause brachte. Sicherlich grenzte es unter diesen Umständen an Zauberei, wenn es ihr trotzdem gelang, wenigstens eine Suppe aus Wasser, Salz und Brot auf den Tisch zu bringen, die die knurrenden Mägen der Kinder stillte und die Illusion verbreitete, üppig gegessen zu haben. Das leise Lächeln der schlafenden Kinder war schließlich der Eltern schönster Trost.

Eines Tages ging unserem Fischer ein seltener Fang ins Netz. Es war ein Prachtexemplar von Fisch, und alle, die ihn sahen, bewunderten seine Größe und Schönheit. Der Fischer aber strahlte über sein ganzes Gesicht und sagte sich, daß er nun für ein paar Tage ausgesorgt haben würde,

denn der Fisch wog mehrere Kilo. Die Frau des Fischers, die wußte, daß der Sultan ein Feinschmecker war, was Fische anbelangte, überzeugte ihren Mann davon, daß diese Meeresköstlichkeit in den Palast, auf den Tisch des Sultans gehörte. Dabei hatte sie den Hintergedanken, daß der Sultan sich mit einer ansehnlichen Belohnung bei ihnen für so viel Treue und Ergebenheit bedanken würde. Den Kindern aber lief beim Anblick dieses herrlichen Fisches das Wasser im Munde zusammen, und sie jubelten: „Heute abend werden wir uns sattessen."

Der Fischer zögerte ein wenig, denn er wußte, daß noch nie gut Kirschen essen war mit dem Makhzan, der Obrigkeit. Er mußte immer wieder an seinen seligen Vater denken, der immer gesagt hatte: „Mein Sohn, bedenke, der Makhzan und das Feuer sind zwei Elemente, denen man lieber aus dem Wege geht!" Trotzdem gab er dem Drängen seiner Frau nach. Er machte sich mit dem Fisch auf den Weg zum Palast, wo er lange warten mußte, bis er endlich vorgelassen wurde.

Nach der üblichen Begrüßung sagte er: „Majestät, hier bringe ich Eurer Majestät einen seltenen Fisch, er ist ausschließlich für eure Tafel bestimmt." Der Sultan nahm den Fisch, murmelte ein paar belanglose Floskeln vor sich hin und sag-

te: „Alle unsere Wünsche für ein langes Leben."
Dann wandte er sich wieder seinen Ratgebern zu.

Bitter enttäuscht über die „königliche Behandlung" trat der Fischer den Heimweg an. Es war ihm schwer ums Herz, denn er hatte mit einer guten Belohnung gerechnet, von der er die hungrigen Mäuler seiner Kinder hatte stopfen wollen.

Am darauffolgenden Tag hatte unser Fischer abermals einen Glückstag, wieder ging ihm ein herrlicher Fisch ins Netz, der größer und prächtiger war als der, den er tags zuvor gefangen hatte. Dieser Fisch, so schwor er sich, sollte für seine Kinder bestimmt sein, die die ganze vergangene Nacht vor Hunger kein Auge zugemacht hatten. Als er zu Hause seinen Fang vorzeigte, gab es für die Frau unseres Fischers keine Widerrede, auch dieser Fisch war für die Tafel des Sultans bestimmt. „Du hast aber ein kurzes Gedächtnis", gab der Fischer zu bedenken, „gib den Kindern von diesem Fisch zu essen." Die Frau aber blieb hart: „Ich will, daß du diesen Fisch ebenfalls dem Sultan bringst, du wirst sehen, diesmal läßt dich der Sultan nicht ohne Belohnung ziehen."

Der Fischer gab abermals nach und brachte den herrlichen Fisch zum Sultan, der diesmal lediglich zweimal sagte: „Alle meine Wünsche für ein langes Leben, alle meine Wünsche für ein langes Leben." Wütend, wie sich denken läßt, kehrte der Fischer nach Hause zurück, wo er sich über die Unfreundlichkeit beklagte, mit der er im Palast abgespeist worden war. Außer den zwei Segenswünschen, von denen er nichts zu Beißen für die Kinder kaufen konnte, hatte er nichts erhalten.

Er machte seinem Ärger Luft: „Nun, du siehst, wohin es führt, wenn man auf einen schlechten Rat hört. Der Prophet – Gott segne ihn und schenke ihm Heil – hatte schon recht, als er sagte, daß die Frauen weniger weise und fromm seien als die Männer."

Der Fischer war nahe daran, Hand an seine Frau zu legen, aber das Weinen der Kinder zwang ihn, von seinem Vorhaben abzuhalten.

Am nächsten Tag lachte ihm erneut das Glück, wieder zappelte ein Fisch in seinem Netz, diesmal größer und prächtiger als alle Fische, die er je zuvor in seinem Leben gesehen hatte. „Dieser Fisch", sagte er zu sich, „entschädigt mich für die beiden Fische, die der Sultan gegessen hat." Er war fest entschlossen, nicht mehr auf seine Frau zu hören.

Aber kaum hatte er die Schwelle seiner armseligen Hütte überschritten, da empfing ihn seine Frau bereits mit den Worten: „Was für ein schöner Fisch! Diesmal wird der Sultan nicht umhin können, dich reichlich zu entschädigen." Der Fischer fühlte, wie ihm das Blut zu Kopfe stieg, und

außer sich vor Wut schrie er: „Seht, diese Frau, ein Geschöpf Gottes, liebt ihre Kinder nicht mehr, sie will sie vor Hunger sterben lassen." Wortlos nahm die Frau den Fisch und ging in die Küche, um den Fisch zuzubereiten.

Nun, sie dachte nicht daran, ihn den Kindern vorzusetzen, sondern legte ihn, gekocht und mit duftenden Kräutern dekoriert, in einen Korb, den sie dem Fischer reichte: „Das ist das letzte Mal, daß der Sultan einen Fisch von uns erhält. Aber ich bin sicher, daß er diesmal seine herrschaftliche Schatulle öffnen wird. Er wird alles wieder gutmachen, folge nur meinem Rat!"

Unserem Fischer hatte es zunächst die Sprache verschlagen, aber dann ließ er sich doch erweichen, und er ging ohne die geringste Hoffnung zum Sultan. Diesmal zeigte dieser sich erstaunt über den wunderbar hergerichteten Fisch, und er revanchierte sich dafür mit drei Segenswünschen: „Alle meine Wünsche für ein langes Leben! Alle meine Wünsche für ein langes Leben! Alle meine Wünsche für ein langes Leben!" Das war für unseren Fischer nun doch zuviel des Zynismus. Brüsk drehte er sich um und verließ den Palast, ohne offiziell entlassen worden zu sein, wie es das Palastprotokoll vorschrieb.

„Diesmal bringe ich drei Segenswünsche für ein langes Leben vom Sultan mit", höhnte er, „damit werde ich meine Kinder schon satt bekommen. Von nun an kannst du für die Kinder sorgen." „Gut," sagte die Frau, „ich werde mich um alles kümmern. Folge mir, aber sage kein Wort, ganz gleich, was auch geschieht."

„Wohin willst du", fragte der Fischer neugierig, „willst du unsere Lage noch schlimmer machen, als sie schon ist?" „Ich will nur, daß du mir folgst. Vertraue mir, denn ich bin deine Frau."

Die Frau unseres Fischers hüllte sich in ihren Haik, ein langes Tuch, das die arabischen Frauen beim Verlassen des Hauses anlegen, so daß nur die Augen freibleiben, und verließ das Haus, gefolgt von ihrem Mann, der inzwischen alle Hoffnung aufgegeben hatte, vom Sultan entlohnt zu werden. Die Fischersfrau steuerte zielstrebig das Stadtviertel an, wo die Gold-, Silber- und Diamantenhändler ihre Geschäfte haben. In jeder marokkanischen Stadt gab und gibt es auch heute noch solche Stadtviertel, in denen sich die Schmuckläden wie Perlen auf einer Schnur aneinanderreihen, ein wahres Paradies aus funkelnden Armreifen, Ringen und Edelsteinen.

Sie suchte sich den vornehmsten Laden aus.

Sie entschied sich für zwei besonders schöne und kostbare Armreifen aus purem Gold, die zusätzlich mit glänzenden Edelsteinen besetzt waren. Höflich erkundigte sie sich nach dem Preis, und sie bezahlte nicht etwa mit Geld, denn sie besaß ja nicht einen einzigen Heller, sondern mit drei Segenswünschen: „Wünsche für ein langes Leben! Wünsche für ein langes Leben! Wünsche für ein langes Leben!"

Sie versteckte die beiden Armreifen unter ihrem Haik und verließ erhobenen Hauptes den Laden. Der Schmuckhändler aber stürzte hinterher und schrie: „Geld oder die Armreifen!" „Ich habe dich doch bezahlt", entgegnete die Fischersfrau, „ich habe dich mit königlicher Münze bezahlt. Seit wann weigerst du dich, dieses Geld anzunehmen?" Der Schmuckhändler, überrascht von dem, was er gerade vernommen hatte, dachte, daß er es mit einer Verrückten zu tun habe. Er versuchte, sie am Haik festzuhalten, worauf sie zu schreien anfing: „O Gott! Ihr alle hier seid meine Zeugen, daß ich für diese Armreifen mit königlicher Münze bezahlt habe. Wenn er dieses Zahlungsmittel nicht akzeptiert, dann fordere ich ihn auf, mit mir vor den Sultan zu treten."

Für die Anwesenden stand fest, daß die Frau den Schmuckhändler bezahlt hatte. Sie alle begaben sich zum Palast, wo gerade zu dieser Stunde das Oberste Gericht unter dem Vorsitz des Sultans tagte. Schließlich wurde der Fall der Fischersfrau aufgerufen. Der Sultan erkannte unseren Fischer wieder und konnte sich keinen Reim auf dessen Anwesenheit machen. „Majestät," sprach die Fischersfrau, „oh du Glorreicher dieses Jahrhunderts, dieser Schmuckhändler hat mir zwei Armreifen verkauft, und ich habe sie mit drei

Segenswünschen für ein langes Leben bezahlt, die bekanntlich königliches Zahlungsmittel sind. Dieser feine Herr hatte die Unverschämtheit, diese königlichen Münzen zurückzuweisen. Sollte ich im Unrecht sein, dann bestraft mich."

Der Blick des Sultans fiel auf unseren Fischer – jetzt hatte er begriffen. Er schüttelte sich vor Lachen und gab Anweisung, den Schmuckhändler aus seiner Schatzkammer zu bezahlen. Der Fischer und seine kluge Frau aber erhielten zusätzlich einhundert Dinar, was zu damaliger Zeit ein Vermögen darstellte. Die Zeiten des Hungers und der Schulden waren von nun an endgültig vorbei und ICH HABE SIE IHREM SCHICKSAL ÜBERLASSEN UND BIN ZU EUCH GEEILT, UND WENN SIE NICHT GESTORBEN SIND, DANN LEBEN SIE AUCH HEUTE NOCH. ♦

DER TREUE BEDUINE

Das Märchen vom
belohnten Vertrauen

◆

ES WAR EINMAL – VIELLEICHT ABER AUCH NICHT – ein alter Beduine. Er war ein Jünger der berühmten nordafrikanischen Bruderschaft des Moulay Abdelkader Jilani und hatte einen Sohn, der sich durch eine auffallende Intelligenz und Frühreife auszeichnete. Der Vater sorgte dafür, daß der Junge jeden Tag in aller Frühe die benachbarte Koranschule besuchte, wo er nicht nur den Koran auswendig lernen mußte, sondern auch gute Umgangsformen beigebracht bekam.

Jedesmal, wenn unser Beduine in eine schwierige Lebenslage geriet, rief er seinen Schutzpatron Moulay Abdelkader Jilani an, einen Wali oder Marabut, der in Marokko und Algerien auch heute noch hohes Ansehen genießt. Er steht nicht nur in Seenot geratenen Schiffen bei, sondern auch schwangeren Frauen, wenn die Stunde der Stunden geschlagen hat – der Beginn der Wehen.

Eines Tages aber erkrankte der alte Beduine, und er fühlte, daß der Tod nicht mehr lange auf sich warten lassen würde. Er rief seine Frau zu sich und sagte: „Ich glaube, ich werde bald meine letzte Reise antreten. Bring' mir meine Schatulle; die dreihundert Dinar darin sind für unseren Sohn

bestimmt. Er soll das Geld nutzbringend anwenden, wobei es gleichgültig ist, wofür er es einsetzt. Vergiß aber nicht, ihn daran zu erinnern, daß er immer Moulay Abdelkader Jilani anruft, bevor er etwas unternimmt." Der Kranke wurde schwach und schwächer, er ließ sich in Richtung Mekka betten und überantwortete seine Seele Gott. Unser alter Beduine, der als guter Muslim gestorben war, wurde entsprechend den islamischen Vorschriften gewaschen, einbalsamiert, in ein großes, weißes Tuch gehüllt und noch am Tage seines Ablebens unter die Erde gebracht. Die Witwe verteilte, wie es die Tradition forderte, drei Tage lang Feigen und Brot an Bedürftige und an die islamischen Würdenträger, die pausenlos aus dem Koran, dem heiligen Buch des Islams, rezitierten, damit es der Verstorbene in der anderen Welt leichter haben möge als hier auf Erden.

Wie es der Verblichene gewünscht hatte, übergab die Witwe ihrem Sohn die dreihundert Dinar, wobei sie ihn ermahnte: „Vergiß niemals, den Beistand unseres Wali, Moulay Abdelkader Jilani, zu erflehen, ganz gleich, was du auch unternimmst."

Der junge Beduine versprach der Mutter, sich ihre Worte zu Herzen zu nehmen, und er war stolz auf die Tatsache, daß sie ihn nicht mehr wie ein Kind behandelte. Bereits am nächsten Mor-

gen sattelte er seinen Esel und machte sich auf den Weg zum Markt, wo er gedachte, Waren zu kaufen und zu verkaufen. Unterwegs sprach er wiederholt vor sich hin: „Oh, mein Gott, oh Moulay Abdelkader Jilani, laß mich nicht in Stich."

Moulay Abdelkader Jilani ließ ihn nicht im Stich, er war bereits in seiner Nähe. Er, der für Sterbliche gewöhnlich unsichtbar war, trat dies-mal in Gestalt eines alten Mannes auf. Er hatte auf einem zerlumpten Mantel, den er mitten auf dem Weg ausbreitete, Platz genommen und sprach zu den Vorüberziehenden: „Wer kauft mir drei Rat-schläge für dreihundert Dinar ab? Moulay Abdel-kader bürgt für ihren Wert." Die Reiter, die vor-beiritten, lachten den Alten aus und spotteten: „Oh Allah! Was für ein Verrückter! Dreihundert

Dinar für drei Ratschläge, das kann nur ein Idiot sein, der sich auf diesen Handel einläßt!"

Unser junger Beduine aber zögerte nicht einen Augenblick, denn der Blick des Alten löste in ihm ein Gefühl des Vertrauens aus: „Ich kaufe deine Ratschläge. Ich bin mit dem Preis einverstanden."

Der alte Mann nahm das Geld und sagte: „Habe niemals Vertrauen und glaube dich niemals sicher an einem Ort, der dir sicher erscheint." Der Beduine prägte sich diesen ersten Ratschlag fest in sein Gedächtnis ein. „Zweitens: Wenn du einen Gegner besiegt hast, dann wisse zu verzeihen, und

drittens: Wenn du an einen Ort gelangst, der Ruhe und Glück verbreitet, dann verweile und ruhe dich aus. Merke dir diese drei Ratschläge – Gott wird dir beistehen."

Kaum hatte der Alte geendet, da war er auch schon verschwunden. Unser Beduine war sicher, einem Heiligen oder einem Dschinn begegnet zu sein, und so machte er sich frohen Herzens auf

den Heimweg. Er war sicher, ein gutes Geschäft getätigt zu haben.

Als er das elterliche Zelt erreicht hatte, stürzte die Mutter herbei und fragte voller Ungeduld: „Mein Sohn, hast du die dreihundert Dinar auch gewinnbringend ausgegeben? Hast du Datteln, Feigen, Tee, Zucker, Rosinen und Henna mitgebracht?" „Ich habe etwas viel Wertvolleres erstanden", antwortete er stolz und berichtete von seinem seltsamen Abenteuer. Doch statt eines Lobes hagelte es Schläge. Die Mutter verjagte unseren Beduinen aus dem elterlichen Zelt.

Wir können uns sicherlich gut vorstellen, in welch gedrückter Stimmung unser junger Beduine von dannen zog, denn die Mutter akzeptierte weder seine Entschuldigung, noch wollte sie etwas von der Zusage wissen, den Verlust des Geldes durch harte Arbeit wieder gutzumachen. Sie ließ sich nicht erweichen, denn in ihren Augen hatte er die Familie an den Rand des Ruins gebracht. Und wie es aussah, war ihm das elterliche Zelt für alle Zeiten verboten. Vor ihm lag nun ein abenteuerliches Leben in der Fremde. Er verließ, heiße Tränen vergießend, das vertraute Zelt, unter dessen Schutz er seine Kindheit verbracht hatte.

Tagelang irrte er durch die Steppe, bis er schließlich auf eine Gruppe von Eseltreibern stieß. Der Anführer dieser seltsamen Karawane hörte sich seine Geschichte an und war gerührt und bot ihm seine Hilfe an: „Du kannst bei uns bleiben. Bei uns kannst du alles lernen, was ein guter Eseltreiber wissen muß." Unser junger Beduine beglückwünschte sich zu dieser Chance, die sich ihm so rasch und unverhofft geboten hatte. In der Tat, sie war ein Geschenk des Himmels, denn er war hungrig und durstig und wußte

nicht, wohin er in der kommenden Nacht sein müdes Haupt zum Schlafen legen sollte.

Mühsam schleppte sich die Karawane durch die ausgeglühte Landschaft. Die Sonne rollte schon auf die Horizontlinie zu, als sie endlich einen größeren Ort erreichten, wo der Anführer der Eseltreiber einen Freund hatte, bei dem sie einkehrten: „Seid mir willkommen. Es ist eine große Freude für mich, euch in meinem Hause zu empfangen." Der junge Beduine, der die Tiere versorgen mußte, betrat als letzter den großen Salon, wo der Gastgeber den Eseltreibern ein üppiges Essen servieren ließ, das bis spät in die Nacht andauerte. Weit nach Mitternacht wurden endlich Decken und Kissen gereicht, und bald schlief die ganze Gesellschaft tief und zufrieden.

Nur unser Beduine konnte kein Auge schließen. Ihm gingen die drei Ratschläge, die er für dreihundert Dinar erworben hatte, durch den Kopf. Es war vor allem der erste Ratschlag, der ihm den Schlaf raubte: „Habe niemals Vertrauen und glaube dich niemals sicher an einem Ort, der dir sicher erscheint." Er sagte sich: „Ich befinde mich in einem Haus, das gut verriegelt ist, das ich aber nicht kenne, mitten unter fremden Leuten. Auf keinen Fall darf ich einschlafen." Er gab sich alle Mühe, wach zu bleiben.

Plötzlich hörte er, wie ein Schlüssel in der Tür, die sich gegenüber seiner Lagerstatt befand, knirschend umgedreht wurde. Die Tür sprang auf und herein trat eine Frau, die Ehefrau des Gastgebers. Sie hatte ein großes Messer bei sich, ein Messer, wie es die Hammelschlächter beim „Ait-el-Kebir", dem islamischen „Großen Fest", benutzen. Eine abgeblendete Laterne, die sie hinter ihrem Rücken verbarg, tauchte ihre Gestalt in ein gespenstisches Halbdunkel.

Dem Beduinen fuhr ein gewaltiger Schreck durch die Glieder. Er zwang sich, keinen Laut von sich zu geben, denn die Frau ging jetzt nach nebenan, wo sie sich an einer Bodenmatte zu schaffen machte. Sie nahm sie zur Seite und öffnete eine darunter liegende Falltür. Zum Vorschein kam ein großer Neger, der ein langes, weißes Gewand trug, das in der Hüfte von einem breiten Ledergürtel zusammengehalten wurde. Er war barfuß und hatte den Schädel rasiert.

Die Frau flüsterte: „Der Augenblick ist günstig. Die Anwesenheit der Fremden, Gäste deines Herrn, müssen wir ausnutzen. Wenn du ihn nicht jetzt tötest, dann werden wir lange auf solch einen günstigen Moment warten müssen. Das Verbrechen werden wir den Fremden in die Schuhe schieben."

Der Neger ergriff das große Messer, prüfte seine Schärfe und betrat das Schlafzimmer seines Herrn. Mit einem raschen Schnitt von Ohr zu Ohr durchtrennte er ihm die Gurgel. Dann verschwand er lautlos in seinem unterirdischen Versteck. Die Frau aber verschloß rasch die Falltür mit der Bodenmatte. Der junge Beduine hatte voller Entsetzen den Mord beobachtet, und immer noch glaubte er, zu träumen. Doch plötzlich drangen schrille Schreie durch das schlafende Haus: „Oh ihr Gläubigen, Hilfe, rettet uns, mein Ehemann ist ermordet worden!"

Nur wenig später trafen die ersten Nachbarn am Ort des grausigen Geschehens ein, wo der unglückliche Hausherr in seinem eigenen Blute lag. „Wer hat ihn umgebracht?" fragten sie wild durcheinander, und die Frau antwortete: „Es waren die Gäste, es müssen die Gäste gewesen sein, die er selbst eingeladen hat, bei uns zu übernachten." Sie tat so, als ob ihr das Unglück bald den Verstand rauben würde, denn sie schrie und brachte sich selbst Kratzwunden im Gesicht bei. Voller Schmerz raufte sie sich das Haar, der Tod ihres Mannes ging ihr offensichtlich sehr nahe.

Die Nachbarn verriegelten das Haus, damit keiner der Gäste entkommen konnte. Die aber rührten sich nicht vom Fleck, sie waren völlig sprachlos und unfähig, sich zu bewegen, denn sie konnten sich keinen Vers auf das Verbrechen machen. So ließen sie sich widerstandslos einschließen und von den inzwischen herbeigerufenen Garden des Sultans abführen.

Das Urteil war schnell gesprochen. Der Sultan verfügte, daß sie alle zusammen enthauptet wer-

den sollten: „Tötet mir diese Hunde, diese Verbrecher, diese heimtückischen Schurken, die das Gastrecht so schmählich verletzt haben!"

Unser Beduine warf sich vor dem Sultan auf den Boden und sagte: „Oh Majestät, verschone uns, denn es war keiner von uns, der den Gastgeber vom Leben zum Tod befördert hat. Es war ein großer Neger, der zusammen mit der Frau des Er-

mordeten das Verbrechen verübt hat; ich habe es mit meinen eigenen Augen gesehen." Und dann berichtete er in allen Einzelheiten, was in der Nacht geschehen war. Die Garden entdeckten das Versteck, in dem der Neger sich verborgen hielt. Die Beweise waren erdrückend, und die Schuldigen wurden ohne viel Federlesens verurteilt und enthauptet.

Dem Sultan hatte das umsichtige Verhalten des jungen Beduinen gefallen. Er bot ihm an, in seine Dienste zu treten. Am Haupttor des Palastes erhielt er den Posten eines Wachoffiziers; diesen Dienst versah er wie ein Ritter ohne Furcht und Tadel. Jeder, aber auch jeder, der durch das Palasttor schritt, wurde gewissenhaft überprüft.

Ereignislos flossen die Tage dahin, bis der Sul-

tan eines schönen Tages zur Jagd ausritt. Kaum hatte er den Palast verlassen, da schleppten Diener des Sultans eine große Kiste in die herrschaftlichen Gemächer.

Erst am nächsten Morgen wurde sie zurückgebracht, was unseren Torwächter stutzig machte. Er ließ die Kistenträger anhalten: „Öffnet die Kiste!" Wie sich denken läßt, war das Entsetzen der

Träger groß, aber der Beduine ließ sich davon nicht beeindrucken. Im Inneren der Kiste entdeckte er einen Marokkaner mosaischen Glaubens, der eine Violine fest an sich drückte. Da gab es keinen Zweifel, die Frau des Sultans hatte sich die Zeit durch den Violinspieler vertreiben lassen. Der aber zitterte vor Todesangst und stotterte: „Oh mein Herr, dem Sieger muß man verzeihen können."

Dieser Appell an das Verständnis unseres Beduinen erinnerte ihn an den zweiten Ratschlag, den er von Moulay Abdelkader Jilani gekauft hatte: „Wenn du einen Gegner besiegst, dann wisse zu verzeihen." Er dachte darüber nach und kam zu der Erkenntnis, daß es besser wäre, den Violinspieler ziehen zu lassen, ohne ihm ein Haar zu krümmen.

Die Haremsdamen aber, die von der Entdeckung des Violinspielers durch den neuen Wachoffizier erfahren hatten, fürchteten das Strafgericht des Sultans, denn sie nahmen an, daß der Beduine Bericht erstatten würde.

Um der Strafe zuvorzukommen, verfielen sie auf die Idee, den Wachposten auszuschalten. Sie legten schwarze Kleider an und überraschten den von der Jagd zurückgekehrten Sultan mit ihren Klagen: „Oh Majestät, was für ein Unglück ist uns widerfahren! Seit deinem Aufbruch zur Jagd hat der junge Torwächter uns nachgestellt und lüsterne Reden gegenüber uns geführt."

Der Sultan zog sich zurück und dachte: „Niemals ist etwas Nachteiliges über den jungen Mann an mein Ohr gedrungen. Auf keinen Fall kann ich ihn verurteilen und hinrichten lassen. Ich selbst müßte das Urteil fällen. Nein, das geht nicht."

Und so begab er sich in sein Gemach und schrieb einen Brief an den Chef der Kalkfabrikanten: „Sei gegrüßt – sobald der Überbringer dieses Schreibens zu dir kommt, laß ihn in einen deiner Öfen werfen, wo ihr Kalk brennt." Das Schreiben wurde versiegelt und dem Beduinen übergeben: „Bring diesen Brief zum Chef der Kalkfabrikanten."

Unterwegs aber ergab es sich, daß unser Beduine an einem Garten vorbeiritt, der tausend betörende Gerüche verströmte, die von unzähligen Blumen, Sträuchern und Bäumen stammten. Es duftete vor allem nach Rosen, Jasmin und Orangenblüten. Aus der Tiefe des Gartens aber drang leise Musik an sein Ohr, so daß er sein Maultier zügelte. Er scherte sich einen Teufel um den Befehl des Sultans, zu verführerisch wirkte der Garten auf seine Sinne. Ihm fiel der dritte Ratschlag ein: „Wenn du an einen Ort gelangst, der Ruhe und Glück verbreitet, dann verweile und ruhe dich aus."

Er betrat den Garten, wo er zu seiner Überraschung unseren Violinspieler entdeckte, der mit anderen Musikanten einer lustwandelnden Menschenmenge aufspielte. Der Violinspieler erkannte sofort den Wachoffizier, der ihn verschont hatte, und forderte ihn auf, sein Gast zu sein. „Ich kann nicht lange bei euch verweilen", sagte der junge Beduine, „denn ich muß ein Schreiben des Sultans bei den Kalkbrennern abliefern." „Ich schwöre bei Gott", antwortete der Violinspieler, „daß ich selbst den Brief für dich überbringen werde." Ohne eine Antwort abzuwarten, nahm er das Schreiben und ritt davon.

Der Chef der Kalkbrenner las den Brief und informierte seine Untergebenen über den Befehl des Sultans. Man rief den Violinspieler, zeigte ihm die Kalköfen und ließ ihn selbst den größten Ofen aussuchen. Endlich hatte er einen Ofen gefunden, der ihm zusagte: „Dieser wird meinem neuen Herren gefallen." Das Maultier des Violinspielers, das er frei grasen ließ, hatte sich inzwi-

schen unbemerkt davon gemacht und war zum Garten zurückgekehrt, wo der junge Beduine sich wunderte, es ohne Reiter anzutreffen. Das kam ihm rätselhaft vor, und er ritt auf der Stelle zu den Kalkbrennern, um nach dem Rechten zu sehen, denn dem Violinspieler konnte ja etwas zugestoßen sein.

Er traf gerade noch rechtzeitig ein. Der Violinspieler wehrte sich verzweifelt gegen die Kalkbrenner, die ihn auftragsgemäß in den Kalkofen werfen wollten. Unser Beduine befreite seinen neuen Freund und machte sich mit ihm aus dem Staube. Er nahm ihn mit zu sich nach Hause, wo er ihn fürs erste versteckte. Wie dem auch sei, der Beduine nahm seinen gewohnten Wachdienst wieder auf, so, als sei nichts vorgefallen. Der Sultan war überrascht, ihn lebend wiederzusehen. Aufmerksam lauschte er der Erzählung seines Wachoffiziers.

Überrascht von der Klugheit und Seelengröße unseres jungen Beduinen sage er: „Mein Sohn, ich habe dich zu den Kalkbrennern geschickt, um dich am lebendigen Leibe verbrennen zu lassen. Doch du bist auf wunderbare Art und Weise dem Tode entronnen. Das verdankst du nicht nur deinem Mut, sondern auch deinem guten Stern. Gott möge auch in Zukunft seine Hand über dich halten."

Jetzt rückte der Wachoffizier mit der ganzen Wahrheit heraus. Der Sultan erkannte, daß es die schäbigen Anschuldigungen der Haremsfrauen waren, die unseren Beduinen fast das Leben gekostet hätten. Der Sultan ließ die Haremsdamen verprügeln. Doch damit nicht genug. Er verstieß sie, nahm ihnen die kostbaren Gewänder und allen Schmuck wieder ab und jagte sie davon. Sie aber schätzten sich überglücklich, denn sie waren wenigstens mit dem Leben davongekommen.

Kurze Zeit darauf ließ der Sultan seinen Torwächter kommen: „Deine Treue und Ehrlichkeit gegenüber unserer Majestät können nicht hoch genug gelobt werden. Ich ernenne dich zum Minister. Du nimmst den Platz meines alten Ministers ein, der vor kurzem gestorben ist. Ich möchte mich allmählich von den Amtsgeschäften zurückziehen."

Doch damit hatte sein Horoskop noch lange nicht seinen Zenit erreicht. Da der Monarch weder einen Erben noch Nachfolger hatte, ließ er unseren Beduinen von den Ulemas zum Thronfolger wählen.

Die erste Amtshandlung unseres neuen Ministers bestand darin, daß er seine Mutter kommen ließ. Die aber kam aus dem Staunen nicht mehr heraus, als sie gewahr wurde, wie hoch ihr Sohn, den sie aus dem elterlichen Zelt davongejagd hatte, aufgestiegen war. Er machte ihr klar, daß er diesen Erfolg nur dank der drei Ratschläge erreichen konnte, die er von Moulay Abdelkader Jilani für dreihundert Dinar erworben hatte.

Der alte Sultan lebte es nicht mehr lange und schied wenig später friedlich dahin.

Der junge Beduine aber, der immer auf Moulay Abdelkader Jilani vertraut hatte, wurde neuer Sultan. Er sollte über viele Jahre hinweg ein Musterbeispiel für Recht und Gerechtigkeit liefern, so daß er Zeit seines Lebens von seinen Untertanen, islamischen wie mosaischen Glaubens, wie ein Heiliger verehrt wurde. Überhaupt war seiner Regierungszeit nur Wohlstand und Frieden beschert. ICH HABE SIE IHREM SCHICKSAL ÜBERLASSEN UND BIN ZU EUCH GEEILT, UND WENN SIE NICHT GESTORBEN SIND, DANN LEBEN SIE AUCH HEUTE NOCH. ◆

DREI HELDEN

Das Märchen vom
mutigen Prinzen

◆

ES WAR EINMAL – VIELLEICHT ABER AUCH NICHT – ein Sultan, der lebte in Marrakesch und hatte nur einen einzigen Sohn, mit dem er Großes vorhatte. Er sollte eines Tages ein guter und mächtiger Herrscher werden, und so sorgte sein Vater beizeiten für eine gründliche Erziehung des Knaben.

Als der junge Sultanssohn seine religiösen Studien an der berühmten Karaouin-Universität in Fes beendet hatte, war die Zeit gekommen, ihn den Meistern des Kriegshandwerks zu überlassen. Sie lehrten ihn den Umgang mit Säbel, Lanze und Bogen.

Gleichzeitig hatte auch der Sultan erlaubt, daß der Sohn sich von nun an unters Volk mischen durfte, damit er das Leben seiner künftigen Untertanen aus eigener Anschauung kennenlernen konnte. Der Vater wünschte sich, aus seinem Sohn einen einfachen und erfahrenen Sultan zu machen; vor allem aber lag ihm am Herzen, die Eigenliebe des jungen Prinzen in ihre Schranken zu weisen. Es dauerte nicht lange, und unser junger Prinz war bald der beste Reiter und Bogenschütze im ganzen Reich.

Mit Stolz und Zufriedenheit sah der Sultan seinen Sohn heranwachsen. Doch den Prinzen hielt es nicht länger am Hofe, das Leben war ihm dort zu eintönig geworden. Er wollte hinaus in die weite Welt.

Eines Tages war es soweit, er verließ den Palast. Der Drang nach Abenteuer war stärker als die Tränen der geliebten Mutter und die Argumente des Vaters. Alle Versuche, ihr einziges Kind von seinem Vorhaben abzubringen, fruchteten nicht. Der Prinz machte sich mutterseelenallein auf den gefahrvollen Weg. Tagsüber ritt er durch wild-romantische Landschaften, durch Täler und über Berge. Selten unterbrach er seinen Ritt in einem Dorf, und des Nachts legte er sein müdes Haupt zum Schlafen im Freien nieder, irgendwo unter Palmen oder Felsvorsprüngen. Es kam auch vor, daß sich ihm Räuber in den Weg stellten, aber stets noch gelang es ihm, sie in die Flucht zu schlagen, so daß er seine Reise fortsetzen konnte. Sie führte ihn schließlich in den Orient.

Eines Tages begegnete der Prinz auf seiner Reise einem prächtigen Reiter. Dieser schlug ihm vor, gemeinsam weiterzureiten, denn er habe den Auftrag, zwei junge Mädchen ausfindig zu machen. Der Fremde sagte über sich selbst nur: „Ich bin ein Zauberer, der über die Erde herrscht." Der Prinz wunderte sich, sagte aber nichts.

Lange ritten sie schweigend nebeneinander her, denn die Hitze war groß, bis sie plötzlich einem Reiter gegenüberstanden, der von sich behauptete: „Ich bin ein Zauberer, der über die Meere herrscht." Er bat, sich ihnen anschließen zu dürfen, denn auch er befand sich auf der Suche nach zwei entführten Mädchen. Diese seien Töchter eines mächtigen Ministers im Maghreb,

im „Land der untergehenden Sonne", und sie seien von Dschinn entführt worden. Der Prinz und sein bisheriger Begleiter nickten mit dem Kopf, fragten aber nicht weiter.

Die drei Reisenden setzten ihren Weg gemeinsam fort, bis sie schließlich an einen Wald gelangten. Dort trafen sie auf eine alte Frau, die in einem zerschlissenen Zelt hauste. Als sie der drei

Reiter ansichtig wurde, trat sie ihnen entgegen und bat sie, ihre Gäste zu sein. Die müden Reiter ließen sich nicht zweimal bitten und nahmen die Gastfreundschaft dankend an. Ihnen zu Ehren schlachtete die Alte einen jungen Ziegenbock, den sie sich alle schmecken ließen. Allmählich übermannte sie dann der Schlaf, nur der junge Prinz blieb wach und dachte über seine bisherigen Abenteuer nach.

Auf einmal sah er, wie sich dem Zelt ein riesiger Panther näherte, der furchterregend fauchte. Unser Prinz ergriff unerschrocken seinen Säbel und stürzte sich auf die sprungbereite Wildkatze,

der er mit einem einzigen Hieb das mächtige Haupt spaltete. Seine Begleiter erwachten vom rasselnden Röcheln der verendenden Bestie. So wurden sie Zeugen der Heldentat unseres jungen Prinzen. Die alte Frau bedankte sich überschwenglich für die wunderbare Rettung, denn der Panther kam Abend für Abend und riß wahllos Schafe, Rinder und Pferde. Bis jetzt war es niemandem gelungen, seinen blutigen Raubzügen Einhalt zu bieten.

Die Alte hatte inzwischen Vertrauen zu den Reisenden gefaßt und verriet ihnen, daß in der Tiefe des Waldes, ganz in der Nähe, ein gefährlicher Mann hauste, der in Wahrheit ein Dschinn war. In seiner Gewalt befänden sich zwei Mädchen von einmaliger Schönheit, die er aus einem Land im Westen entführt habe. „Alle, die es bisher gewagt haben, in den Wald einzudringen, sind für immer verschwunden, selbst den Garden des Sultans ist es nicht besser ergangen," sagte die alte Frau. „Ich bitte euch aber, mich nicht zu verraten, denn der Dschinn würde mich ebenso umbringen, wie er meinen Sohn umgebracht hat."

Die zwei Zauberer hatten den Auftrag, wie wir wissen, die beiden Mädchen zurückzubringen. Sie hatten, unabhängig voneinander und ohne daß der eine von der Existenz des anderen etwas wußte, Städte, Dörfer, menschenfeindliche Landstriche, ja ganze Länder durchstreift, aber nirgendwo waren sie auf eine Spur der entführten Mädchen gestoßen. In seiner Not hatte der Minister, der Vater der Mädchen, versprochen, die Töchter denen als Belohnung zur Frau zu geben, die sie ihm wohlbehalten wieder zurückgeben würden. Jeder der Zauberer hatte einen anderen Weg eingeschlagen, und um so erfreuter waren sie jetzt, sich begegnet zu sein. Zusammen mit ihrem dritten Reisekameraden, dem mutigen und tapferen Prinzen, würde auch dieses Abenteuer sicherlich ein glückliches Ende nehmen – inschallah – so Gott will.

Die drei Helden bedankten sich bei der alten Frau und ritten frischen Muts davon. Während sie den Wald durchquerten, sprachen die beiden

Zauberer allerlei mysteriöse Sprüche vor sich hin. Nach geraumer Zeit hielten sie es für angebracht, die Reittiere im Unterholz anzubinden, denn von nun an würden sie sich lautlos bewegen müssen, zumal in der Ferne eine Hütte auszumachen war.

Vorsichtig näherten sie sich dieser seltsamen Behausung. Die beiden Zauberer, die aus dem Land Souss stammten, hatten sich an den Hän-

den gefaßt und rezitierten Koranverse. Der Prinz folgte ihnen schweigsam.

Als sie endlich vor der Hütte standen, trat plötzlich ein Mann heraus. Aus seinen Augen und aus seinem Mund züngelten Flammen. Er flößte ihnen Furcht ein, denn er war von riesiger Gestalt und dünn wie ein Skelett. Die Drei waren drauf und dran, den Rückzug anzutreten, denn die

Angst hatte für einen Augenblick die Oberhand gewonnen. Aber dann, als sie begriffen, daß sie dem Feind gegenüberstanden, setzten sie alles auf eine Karte und traten dem Monstrum wild entschlossen entgegen, das wie angenagelt auf der Schwelle des Hauses stehengeblieben war.

Die Zauberer verdoppelten ihre Anstrengungen und zitierten Vers um Vers, sie sprachen mit lauter Stimme und, woran sie zunächst selbst nicht hatten glauben wollen, der Dämon ließ sich bändigen. „Oh ihr Frevler", sagte der Geist drohend, „ihr habt mich überwunden, mich, den Dschinn des Waldes. Niemand hat mir jemals widerstehen können. Ich werde euch die Macht meines Zorns noch spüren lassen, denn ich werde mich von der Gewalt eures verfluchten Talismans befreien."

Kaum war er verstummt, da sackte er in sich zusammen, wild zuckend. Er wehrte sich verzweifelt, rollte sich am Boden, gestikulierte, sprühte Funken und stieß fürchterliche Schreie aus.

Unsere beiden Zauberer aber rezitierten schneller und lauter und beschwörender, denn ihnen war klar, daß der Dämon sich wieder aufrichtete, sobald sie keine Zaubersprüche oder Koranverse mehr rezitieren würden. Sie warfen ihre ganzen Zauberkräfte in die Waagschale, bündelten ihre magischen Anstrengungen zu einem vernichtenden Schlag. So hielten sie den Dschinn unter Kontrolle, bis er schließlich aufhörte, sich zu bewegen.

Jetzt endlich wagten sie es, näherzutreten. Dank ihrer Zaubersprüche, die sie immer noch von sich gaben, schrumpfte der Geist vollständig zusammen, so daß er nur noch die Größe einer widerlichen Raupe hatte, die sie in ein Kupfergefäß preßten. Jetzt konnten sie die Hütte betreten, wo sie die beiden Mädchen vorfanden, eine schöner und lieblicher und charmanter als die andere. „Wer seid ihr, oh schöne Mädchen", fragten die drei Helden, „seid ihr menschliche Wesen oder Dschinn?".

„Wir sind die Töchter des Hofministers aus Marrakesch. Ein Dschinn, der mächtiger ist als alle anderen Dschinn, hat uns aus unserem elterlichen Haus entführt. Er sperrte uns in einen goldenen Käfig, der in einem gläsernen Schloß auf dem Grunde des Meeres untergebracht war. Aber da war ein Dschinn, der hatte mit uns Mitleid, und wollte uns befreien. Als der Chef der Dschinn ihn beseitigen wollte, brach eine Revolte aus. Aus diesem Grunde hatte er uns hierher gebracht." Zusammen mit den befreiten Mädchen verließen unsere drei Helden die Hütte des Dschinn.

Jetzt war auch der Augenblick gekommen, vor dem sich der Prinz ein wenig gefürchtet hatte. Er eröffnete seinen Freunden, daß sich ihre Wege von nun an trennen würden. Der Zauberer, der über die Meere gebot, legte ihm zum Abschied ein kostbares Halsband um, das ihn gegen die bösen Geister schützen würde. Der Prinz gab schließlich seinem Reittier die Sporen und verschwand in Richtung Osten.

Die beiden Zauberer und die Mädchen aber wandten sich nach Westen, dorthin, wo das Sultanreich Marrakesch lag, wie man das alte Marokko noch bis zum Beginn unseres Jahrhunderts nannte.

Es dauerte noch einige Wochen, bis die kleine Karawane endlich Marrakesch erreichte. Die Zauberer hatten einen Boten vorausgesandt, der dem Minister die frohe Botschaft von der Rettung der

Töchter überbrachte. Er ließ ein großes und prächtiges Fest ausrichten, zu dem alle Musiker, Sänger, Dichter und Akrobaten aus dem ganzen Sultanreich eingeladen waren. Und sie kamen alle mit ihren Gedichten, Liedern, Trommeln, Gitarren, Flöten und Schalmeien.

Am Tag des Festes war ganz Marrakesch auf den Beinen. Noch vor Sonnenaufgang erreichten die Heimkehrer eines der sieben Tore der Stadt – das Bab Doukala. Ein Trupp Soldaten war ihnen entgegengeritten, an der Spitze befand sich der Minister. Unbeschreiblich war die Wiedersehensfreude zwischen Vater und Töchtern, die er schon verloren geglaubt hatte. In ganz Marrakesch blieb kein Auge trocken, als auch die Mutter ihre Töchter in die Arme schloß. Der Minister

war schließlich so aufgewühlt, daß er kein Wort herausbrachte, um sich bei den Zauberern zu bedanken. Wenige Tage nach den Festlichkeiten löste der Minister sein Versprechen ein, und die beiden Zauberer wurden mit den beiden Mädchen vermählt, die sie gerettet hatten. Übrigens, die beiden jungen Frauen hatten nichts gegen die beiden Soussi einzuwenden, denn auf ihrer wochenlangen Rückreise waren sie sich näher gekommen. Marrakesch erlebte in kürzester Zeit ein weiteres, glanzvolles Fest, von dem man noch Jahre später sprechen sollte.

Was nun das weitere Schicksal unseres jungen Prinzen anbelangt, so wurde er eines Tages – er ritt gerade durch ein bewaldetes Gebirge – von Wegelagerern überfallen, die ihn völlig ausraubten. Er war froh, mit dem Leben davon gekommen zu sein, denn es wäre aussichtslos gewesen, sich gegen vierzig Räuber zur Wehr setzen zu wollen. Aber er schwor Rache, und er prägte sich ganz genau die Örtlichkeit ein, wo die Räuberbande offensichtlich operierte.

Tag und Nacht marschierte er, bis er vor den Toren einer Stadt ankam, deren Namen wir leider vergessen haben. Auf dem großen Markt in der Medina gesellte er sich zu den Arbeitsuchenden. Er hatte schon eine ganze Weile mit knurrendem Magen an einer Wand gelehnt, als ihn plötzlich ein Mukhazni ansprach: „Wenn du Arbeit suchst, dann folge mir. Du bekommt Essen, Wohnung und ein kleines Entgeld. Du hast nichts weiter zu tun, als den Garten des Sultans zu bewachen.“

Natürlich war der Prinz hocherfreut über dieses Angebot. Er betrat den schönsten Garten, den er je gesehen hatte. Er nannte sich jetzt „Malem Ahmed“ – Meister Ahmed. Er trat seinen Posten sofort an. Ihm wurde eine bescheidene Hütte zugewiesen; seine täglichen Mahlzeiten kamen aus der Palastküche. Malem Ahmed war nun schon fast ein Jahr im Dienste des Sultans, als er den Auftrag erhielt, süße Granatäpfel für die Tafel des Sultans zu ernten. Der Prinz suchte sich einen Granatapfelbaum aus, pflückte die Früchte und ließ sie, wie befohlen, in den Palast bringen.

Der Sultan kostete von den köstlich anzuschauenden Früchten, aber was für ein Malheur, der Souverän verzog sogleich sein Gesicht zu einer Grimasse, denn die Granatäpfel waren unreif und sauer.

Malem Ahmed mußte vor dem Sultan erscheinen: „Du wagst es, mir saure Granatäpfel zu schicken? Wolltest du dich etwa über Unsere Majestät lustig machen? Bist du unfähig, süß von sauer zu unterscheiden? Wie dem auch sei. Wir haben beschlossen, dir den Kopf abschlagen zu lassen, wenn du nicht einen einzigen plausiblen Grund zu deiner Entschuldigung vorzubringen weißt.“

„Majestät,“ hub der Prinz an, „mir ist aufgetragen worden, den herrschaftlichen Garten zu bewachen. Ich habe mir, weiß Gott, alle Mühe gegeben, meinen Dienst gewissenhaft auszuführen. Was die Qualität der Obstbäume anbelangt, so kann ich nichts darüber sagen, denn ich habe nie-

mals von den Früchten, die ausschließlich deine Früchte sind, gekostet.“ Der Sultan stutzte und lehnte sich erstaunt zurück. Ihm war schon des öfteren zu Ohren gekommen, daß der neue Gärtner den Garten gut gepflegt hatte. Die Bäume trugen üppig und dank seiner Wachsamkeit zogen es die Räuber vor, einen weiten Bogen nicht nur um den Obstgarten, sondern auch um die gesamte

Palastanlage zu machen. In der Tat, in früheren Zeiten war der Obstgarten regelmäßig von Banditen heimgesucht worden, so daß die Tafel des Sultans tagelang ohne Früchte auskommen mußte. Und so verzieh der Sultan unserem Malem Ahmed sein Mißgeschick. Er wurde zur Polizeitruppe abkommandiert. Besseres konnte unser Prinz vom Schicksal nicht erwarten. Jetzt endlich sollte er nämlich Gelegenheit erhalten, Rache zu üben für den feigen Überfall, bei dem er alles verloren hatte.

Der Polizeichef der Mukhazni des Sultans stellte ihn auf die Probe. Er übte mit ihm den Kampf „Mann gegen Mann" und im Truppenverband. Schließlich wurde er zum stellvertretenden Polizeichef ernannt und erhielt eine eigene Truppe von vierzig Mann, mit der er unverzüglich in den Kampf gegen die Räuberbande zog.

Der Chef der Räuberbande hatte seine Mannen um sich versammelt, denn ihm war gemeldet worden, daß die Miliz des Sultans im Anmarsch war. Wenig später standen die beiden Truppen, die der Räuber und die des Sultans, voreinander. Der Prinz warf sich mit ungeheurem Kampfgeist in das Getümmel, so daß der Feind einsehen mußte, den Kampf nicht gewinnen zu können. Bald waren die Räuber völlig aufgerieben, und der Prinz konnte das Versteck der Verbrecher stürmen lassen. Zu seiner Überraschung stießen sie hier auf Männer und Frauen, die in grausamer Gefangenschaft gehalten worden waren, um so von ihren Angehörigen Lösegelder erpressen zu können.

Aus Freude über den Sieg, den Malem Ahmed als Polizeioffizier errungen hatte, versprach der Sultan ihm seine Tochter zur Frau. „Ich gebe dir meine Tochter", sagte er, „sie ist meine einzige Erbin. Nach meinem Tode wirst du meinen ganzen Besitz und mein Reich erben – inschallah. Aber, du verdienst meine Tochter nur, wenn es dir gelingt, einen gefährlichen Magier zu fangen, der den Bestand meines Reichs bedroht, und gegen den ich bis jetzt nichts habe ausrichten können. Er haust in einem fernen Gebirge und herrscht dort über eine Armee von Dschinn, die bösartig und grausam sind." In der ganzen Stadt schwärmten die Leute von der Intelligenz und der Schönheit der Sultanstochter, die unser Prinz schon einmal gesehen hatte, ganz zufällig und flüchtig, als sie den Garten durchquerte, in dem er als Wächter angestellt gewesen war. Bereits damals hatte er sich in sie unsterblich verliebt. Seitdem hatte er Nacht für Nacht von ihren Liebreizen geträumt, in seinen Träumen war sie bereits seine Frau.

Und jetzt galt es, die letzte Hürde zu nehmen, um die Prinzessin endgültig zu erobern. Keine Frage, das Unterfangen war mehr als schwierig, denn er, ein Sterblicher, mußte es mit einem mächtigen Zauberer und einer ganzen Armee von Dämonen aufnehmen. Dennoch, ihn konnte niemand und nichts von diesem Abenteuer abhalten. Er wußte, daß er seine Chance nutzen mußte, und der Preis, der winkte, wog alle Mühen auf. Außerdem war klar, daß er nichts weiter zu verlieren hatte als sein Leben. Und so vertraute er nicht nur auf sein Schicksal, sondern auch auf seine Erfahrung als Krieger. Er zog es also vor, lieber dem Tod die Stirn zu bieten als auf die Prinzessin zu verzichten.

Mit einer kleinen Schar kampferprobter Krieger machte er sich auf in Richtung des fernen Gebirges, wo sich der gefürchtete Zauberer verbor-

gen hielt. Als die Truppe schließlich in Sichtweite des Magierverstecks aufmarschiert war, kam ihnen ein lahmendes Maultier entgegen, auf dem sich ein alter Mann festhielt, unbewaffnet und nur in ein weißes Tuch gehüllt, das zudem auch noch zerrissen war. Unser Prinz hielt ihn für einen harmlosen Bettler, der Berge und Täler durchstreifte, immer auf der Suche nach einer milden Gabe. Der Alte sprach: „Sei gegrüßt, oh Diener des Sultans! Kann ich dir helfen? Ich kenne hier jeden Stein und Weg. Meine Hütte befindet sich ganz in der Nähe, wollt ihr eine Pause einlegen?" Die verwegenen Krieger des Prinzen hatten eine Pause dringend nötig, denn sie waren in den letzten Tagen und Nächten pausenlos geritten. Arglos folgen sie dem Alten, der sie zu seiner Hütte geleitete. Hier stiegen sie von ihren müden Reittieren und wollten gerade ihre Zelte aufschlagen, als der alte Mann sie bat, doch einzutreten. In der Hütte aber sah es keineswegs armselig aus. Im Gegenteil, sie standen in einem prächtig ausgestatteten Raum mit schweren Teppichen auf dem Boden.

Dem Prinzen fiel es wie Schuppen von den Augen. Er wußte, mit wem er es jetzt zu tun hatte, aber es war bereits zu spät. Bevor noch irgend jemand zum Säbel greifen konnte, übefiel sie eine süßliche Müdigkeit, selbst der Prinz, der sich bis zuletzt gegen die drogenschwere Luft wehrte, die

den Raum durchstörmte, fiel in einen tiefen Schlaf.

Der Zauberer ergriff zunächst den Säbel des Prinzen, denn er wußte, daß er ohne diese magische Waffe machtlos war. Er entledigte sich des Säbels, indem er ihn in einen nahegelegenen Teich warf.

Um nun der Wahrheit die Ehre zu geben, müssen wir erwähnen, daß die beiden Freunde des Prinzen, der „Zauberer der Erde" und der „Zauberer des Meeres", ihn nicht vergessen hatten, Sie wünschten sich nur eins, seine baldige Rückkehr, und so hatten sie das einzige Zaubermittel eingesetzt, das ein Zauberer nur einmal in seinem Leben einsetzen darf – die Myrte. Bereits nach ihrer Ankunft in Marrakesch hatten sie eine Myrte gepflanzt, denn, solange die Blätter der Myrte grün waren, wußten sie, daß der Prinz am Leben war, würde die Pflanze aber zu welken beginnen, dann wäre Gefahr im Verzug und der Prinz würde in Lebensgefahr schweben. Und genau in dem Augenblick, als der Prinz das Bewußtsein verloren hatten, begann die Myrte zu welken. Die beiden Freunde zögerten nicht einen Augenblick, denn sie wußten, daß der Prinz einer großen Gefahr ausgesetzt war. Sie galoppierten in Richtung Orient davon. Zuvor aber hatten sie sich ihre Zauberringe angesteckt, die es ihnen erlaubten, sich unsichtbar zu machen.

Es dauerte Wochen, bis sie das ferne Gebirge erreichten, wo sie ohne Schwierigkeiten die Hütte des Magiers betreten konnten. Hier fanden sie den Prinzen und seine Gefährten, mehr tot als lebendig. Unserem Prinzen aber hatte das Halsband des „Zauberes der Meere" vor größeren Schäden bewahrt.

Vergeblich suchten die Zauberer den Säbel des Prinzen. Der eine suchte die ganze Erde ab, und der andere tauchte in alle Meere hinab. Erst im benachbarten Teich, dessen Grund er zuletzt absuchte, wurde er fündig. Er brachte den Säbel zum schlafenden Prinzen, der die Augen aufschlug, als er ihn damit berührte.

Im selben Augenblick betrat der Magier den

Raum. Er war überrascht, den Prinzen wach anzutreffen, denn die beiden Zauberer konnte er nicht sehen. Der Versuch, dem Prinzen den Säbel ein zweitesmal zu entwenden, schlug fehl. Mit einem einzigen Hieb tötete der Prinz den Magier. Im selben Augenblick erwachten seine Kampfgefährten und stürzten sich auf die Dämonen, die jetzt aus allen Ecken hervor kamen, um ihren toten Meister zu rächen.

Aber die beiden Zauberer waren darauf vorbereitet. Sie begannen unverzüglich mit ihren Rezitationen, die ihre Wirkung nicht verfehlten. Die Dschinn wurden plötzlich magnetisch, sie zogen sich gegenseitig wie magnetische Eisenteilchen an. Am Ende bildeten sie ein riesiges Bündel, das allmählich zusammenschrumpfte, bis es nur noch eine winzige Kugel bildete, die der Zauberer, der über die Meere gebot, in ein vorbereitetes Kupfergefäß steckte, das er in den Teich warf, den wir schon kennen.

Der Sultan aber gab unserem Malem Ahmed, der ja in Wirklichkeit ein Prinz war, seine Tochter zur Frau. Eine unvergeßliche Hochzeitsfeier wurde ausgerichtet, deren Glanz weit über den Orient hinausstrahlte. Unser Prinz, seine Prinzgemahlin und seine Freunde beschlossen, das benachbarte Sultanat, die Heimat des Prinzen, zu besuchen. Der Sultan des Orients stattete die Jungvermählten mit herrlichen und kostbaren Geschenken aus, die sie dem Sultan von Marrakesch übergaben.

Nur schwer läßt sich der Jubel beschreiben, mit dem der maghrebinische Sultan die Gäste des Morgenlandes empfing. Die Freudentränen wollten nicht versiegen, als er seinen verloren geglaubten Sohn gesund und wohlbehalten wieder in seine Arme schließen konnte.

Aber auch die Prinzessin war überrascht zu erfahren, daß ihr Gatte, der ehemalige Gärtner, in Wahrheit ein Prinz war. Aber noch größer war das Erstaunen der Eltern, als sie die junge Prinzessin aus dem Orient ohne Schleier erblickten, diese einmalig schöne Blume der Wüste, deren sanfte Schönheit und orientalischer Charme alles in den Schatten stellte, was jemals ein menschliches Auge schauen durfte.

Jahre des Glücks und des Wohlstandes zogen ins Land. Eines Tages starben der Sultan des Orients und der Sultan von Marrakesch, der Herrscher des Maghreb. Beide Reiche fielen unserem Prinzen als legales Erbe zu, der sie vereinigte und allen seinen Untertanen ein weiser und gerechter Herrscher war und ICH HABE SIE IHREM SCHICKSAL ÜBERLASSEN UND BIN ZU EUCH GEEILT, UND WENN SIE NICHT GESTORBEN SIND, DANN LEBEN SIE AUCH HEUTE NOCH. ◆

Der hinterlistige Kaid

Das Märchen vom
diebischen Bürgermeister

◆

Es war einmal – vielleicht aber auch nicht – ein Kaid in Marrakesch, der vom Sultan beauftragt war, als Bürgermeister für die nächtliche Sicherheit in der Stadt zu sorgen. Jeden Abend macht der Kaid also seine Runde in den verschiedenen Stadtvierteln, dort, wo die einfachen Leute und Händler wohnten, aber auch in der Umgebung des Sultanpalastes, denn die Diebe schreckten vor nichts zurück. Es hatte den Anschein, als ob er seinen Dienst gewissenhaft versehen würde. Doch in Wahrheit hatte dieser feine Beamte nichts anderes im Sinn, als sich persönlich zu bereichern. Er besaß die Frechheit, Raubüberfälle innerhalb der Stadtmauern zu organisieren, wobei ihm einige Soldaten, die ihm untergeben waren, zur Hand gingen. Auf Grund seiner hohen Stellung fiel natürlich nicht der leiseste Verdacht auf ihn, und so konnte er es wagen, den Palast des Sultans ausrauben zu lassen.

Eines Nachts drangen Räuber im Schutze der Dunkelheit in die Schatzkammer des Palastes ein und ließen alle kostbaren Gegenstände mitgehen, die ihnen in die Hände fielen. Am nächsten Morgen glaubten die Beamten der Schatzkammer zu träumen, aber es war keine Fata Morgana, es war tatsächlich eingebrochen worden. Der Sultan wurde unverzüglich unterrichtet, und er schwor den Missetätern Rache. Auf der Stelle mußte der Kaid, der für die nächtliche Sicherheit verantwortlich zeichnete, erscheinen. Der Sultan befahl, die Täter lebend oder tot herbeizuschaffen. Er machte dem Kaid klar, daß er für die Ergreifung der Diebe und des Diebesgutes nur wenige Stunden Zeit habe, anderenfalls würde ihm der Kopf abgeschlagen werden.

Der Kaid begab sich daraufhin zum Marktplatz, wo sein Blick auf einen jungen Mann fiel, der bescheiden gekleidet war. Offensichtlich stammte er nicht aus Marrakesch, denn sonst hätte ihn der Kaid schon zuvor gesehen. Er ließ ihn festnehmen und in den Palast bringen.

Hier schleppte er ihn vor den Sultan. „Majestät", sagte der Kaid und verneigte sich tief, „hier ist der Missetäter, der die Kühnheit besessen hat, in die Schatzkammer Eures Palasts einzubrechen und sie auszurauben. Er verdient nur eine Strafe, nämlich die Todesstrafe."

Der Sultan dachte einen Moment lang nach und wandte sich schließlich an den Beschuldigten: „Du hast es gewagt, mit deinen gottlosen Füssen unsere Stadt zu beschmutzen und die Schätze der Gläubigen zu stehlen."

Der Fremde, der in den islamischen und juristischen Wissenschaften gründlich bewandert war und erst vor kurzem in Fes seine Studien mit Erfolg abgeschlossen hatte, war sehr überrascht und erstaunt über die Anschuldigungen des Kaids und war nicht gewillt, sie einfach hinzunehmen. Daher bat er den Sultan: „Majestät, ich möchte die Beweise meiner Schuld sehen." Daraufhin wandte sich der Sultan an seinen Kaid und wollte nun seinerseits wissen, worauf er eigentlich seine Anschuldigungen gründe. Der Kaid hielt einen langatmigen Vortrag, doch er schien den Sultan nicht recht überzeugt zu haben, den er erteilte erneut dem jungen Mann das Wort.

„Ich glaube", sagte der Angeklagte, „daß der Kaid der Verbrecher ist, und bevor ich verurteilt werde, gebt mir die Erlaubnis, persönlich das Haus des Kaids durchsuchen zu dürfen." Der junge Mann hatte diese Worte mit großer Selbstsicherheit vorgetragen, so daß der Sultan gar nicht anders konnte, als in diesen ungewöhnlichen Vorschlag einzuwilligen. Er wies ihn jedoch darauf hin, daß er auf der Stelle enthauptet würde, wenn sich seine Anschuldigungen als falsch herausstellen sollten. Der Kaid mußte sich seinem Schicksal fügen und im Palast unter Bewachung zurückbleiben. Die Mukhazni, Hilfssoldaten des Sultans, marschierten in Begleitung des Fremden zum Haus des Polizeichefs.

Zunächst suchten sie vergeblich nach den geraubten Schätzen, im Hause des Kaids fanden die Hilfssoldaten nichts. Der junge Mann gab jedoch keineswegs auf. Er ließ nun im Garten suchen, wo die Mukhazni bald auf eine Stelle stießen, die erst vor kurzem umgegraben worden war. Genau hier fanden sie schon nach wenigen Spatenstichen das Diebesgut. Dem Sultan, der den Kaid in Ketten le-

gen und in ein finsteres Verlies einsperren ließ, brannte es unter den Nägeln, endlich in Erfahrung zu bringen, wieso der junge Mann seiner Sache, die gestohlenen Gegenstände im Hause des Kaids zu finden, so sicher gewesen war.

„Majestät", antwortete der Fremde auf seine Frage, „ich habe in Fes studiert und bin erst heute morgen in Marrakesch eingetroffen. Ich war auf der Suche nach einer geeigneten Beschäftigung, als der Kaid mich abfing und mir zwei Ohrfeigen verabreichte. Sein Auftreten verriet mir, daß es sich bei ihm um einen hohen Beamten handeln mußte, einen tyrannischen und ungerechten dazu. Als er mich schlug, merkte ich, daß seine Hand stark nach frischer Petersilie roch. Und da ich grundlos angeklagt wurde, gestohlen zu haben, begriff ich, daß der Kaid mit den Dieben unter einer Decke stecken mußte. Als ich dann in seinem Garten die frisch gepflanzte Petersilie sah, die verwelkt war, wußte ich, wo ich die Mukhazni graben lassen mußte."

Der Sultan fand großen Gefallen an unserem jungen Freund und schlug ihm vor, in seine Dienste zu treten. Dieser war zunächst überrascht von der Wendung, die sein Schicksal genommen hatte, willigte aber schließlich ein. Er bekam den Posten des Kaids, der inzwischen im Gefängnis saß. Dort hatte er die Bekanntschaft eines Mitgefangenen gemacht, der ihm versprach, ihn gegen eine gute Belohnung aus dem Gefängnis zu befreien. Der Verbrecher, der zu einer berüchtigten Räuberbande gehörte, die dem ehemaligen Kaid Konkurrenz gemacht hatte, löste das Versprechen umgehend ein, denn unter den Wachen gab es korrupte Beamte. Der ehemalige Kaid, wieder auf freiem Fuß, schloß sich nicht nur der Räuber-

bande an, sondern wurde bald auch noch ihr Anführer.

Im Lauf der Zeit wurden die Räuber, die jeden
überfielen und ausraubten, der sich in der Nähe
der berühmten Palmenhaine von Marrakesch
blicken ließ, allmählich immer dreister.

Eines Tages ging in einer engen Gasse in Marrakesch in der Nähe einer Koranschule der Medina ein junges Mädchen völlig ahnungslos ihres
Weges. Auf dem Kopf trug sie, wie es auch heute
noch üblich ist, einen großen Ballen, in dem wert-
voller Schmuck, Edelsteine und kostbare Kleider
eingebunden waren. Das Mädchen hatte den Auftrag, dieses Paket bei einer befreundeten Familie
abzuliefern, die gerade dabei war, eine Hochzeit
vorzubereiten. An einer Straßenecke lauerte ei-

ner der Räuber unseres Räuber-Kaids, der dem Mädchen den Ballen plötzlich entriß und spurlos in der Menge verschwand.

Der Sultan erhielt Kenntnis von diesem Überfall und befahl dem jungen Kaid, das Diebesgut wieder herbeizuschaffen, vor allem aber wollte der Sultan den Dieb haben, der es gewagt hatte, am hellichten Tage diese Freveltat zu begehen.

Der junge Kaid stand vor einer nicht ganz einfachen Aufgabe, denn es gab weder einen Verdächtigen, noch konnte sich das ausgeraubte Mädchen, dem der Schreck in alle Glieder gefahren war, an irgend eine Einzelheit erinnern. So bezog unser Kaid Posten in der ersten Etage einer Herberge, von wo aus er mehrere Gassen gleichzeitig überwachen konnte. Wochenlang beobachtete er die vorbeiströmende Menge, ohne etwas Verdächtiges auszumachen.

Eines Tages jedoch fiel ihm ein Mann auf, der offensichtlich die Gassen überwachte. Es sah ganz danach aus, als ob der Wegelagerer auf einen reichen Fischzug warten würde. Einige Stunden gingen dahin, ohne daß etwas geschah.

Dann tauchte plötzlich ein Junge auf, der, wie damals das Mädchen, ebenfalls einen Ballen auf seinem Kopf balancierte und in die Gasse einbog, in der das Mädchen beraubt worden war. Der Unbekannte ergriff die Hand des Jungen, gab ihm Süßigkeiten und zog ihn mit sich fort. Unser Kaid, der Böses ahnte, und seine Mukhaznis folgten von weitem, bis die beiden plötzlich hinter einer Tür verschwanden. Kurze Zeit später wurde in der ganzen Stadt ein Kind gesucht, auf das die Beschreibung des entführten Jungen paßte.

Jetzt war es Zeit, zuzuschlagen. Der Kaid und seine Mukhaznis stürmten das Haus, in das der Unbekannte und der Junge verschwunden waren, und das der Räuberbande offenbar als Hauptquartier diente. Ihr Anführer, der Ex-Kaid, und zahlreiche andere Diebe wurden festgenommen. Überall lag Diebesgut herum, das die Beamten beschlagnahmten.

Außerdem fanden sich im Haus zahlreiche kleine Mädchen, die die Banditen bedienen mußten. Auch hatten die Verbrecher junge Frauen entführt und sie nur gegen ein hohes Lösegeld wieder freigelassen. Die ganze Diebesbande wurde verurteilt und anschließend enthauptet, und ihre eingesalzenen Köpfe wurden zur Abschreckung, wie es im alten Marokko üblich war, öffentlich über den Toren der Stadt aufgespießt. So hatten die Übeltäter hier auf Erden schon ihre himmlische Schuld in „Naturalien" beglichen. – ICH HABE SIE IHREM SCHICKSAL ÜBERLASSEN UND BIN ZU EUCH GEEILT, UND WENN SIE NICHT GESTORBEN SIND, DANN LEBEN SIE AUCH HEUTE NOCH. ◆